TRANSIZIONI

ANTIGONE
EDIZIONI

Maurizio Coletti

Come faccio a sapere se mio figlio si droga?

Manualetto per genitori preoccupati

Prefazione di Luigi Cancrini

L'immagine in copertina è di Marco Morino, dell'IPSSP "Albe Steiner" di Torino

Via Osasco, 87/B - 10141 Torino
WWW.ANTIGONEDIZIONI.COM

isbn 978-88-95283-18-0
Prima edizione marzo 2008

Composizione: Compograf - Torino
Stampato in Italia dalla Tipografia Gravinese - Torino

Indice

Prefazione di Luigi Cancrini

Tempi in cui vanno di moda i kit che si comprano in farmacia per scoprire se un figlio si droga sono tempi in cui c'è un bisogno particolare di un libro come questo. Scritto in modo pacato, semplice, divulgativo nel senso più pieno del termine, esso può essere considerato, infatti, come un piccolo kit. Un blocco di informazioni e di consigli che aiutano i genitori a riflettere. A fare, cioè, la cosa più importante e più difficile di tutte nel momento della paura o dell'angoscia. Quando si ha il dubbio o il sospetto che il proprio figlio abbia, nei confronti delle droghe, un'attitudine diversa da quella che riteniamo giusta noi o quando ci si trova di fronte, all'improvviso, dopo averla a lungo negata a se stessi, la realtà di un figlio che sta molto più male di quello che avevamo capito o pensato finora e che sta cercando nelle droghe, fino a diventarne più o meno dipendente, il sollievo o l'aiuto che noi e chi gli sta intorno non gli avevamo saputo dare.

L'idea di un kit fatto di informazioni e di consigli non è tuttavia, oggi, un'idea facile da accettare. Viviamo anni caratterizzati dalla fretta e dalla rapidità delle soluzioni meccaniche. Abbiamo poco tempo, sempre, per affrontare i problemi, odiamo e fuggiamo attivamente quelli che chiedono tempo. Quello cui i consumi di droga (e soprattutto i consumi patologici di droga) ci costringono, invece, è uno sforzo di riflessione. Una pausa in cui è necessario, soprattutto, fare un po' di silenzio in noi e intorno a noi. Una pausa cui si tenta di sfuggire, che si tenta di evitare, forse, andando in farmacia e che un libro come questo permette di affrontare con meno ansia. In modo più costruttivo. Uscendone, perché questo è sempre possibile e Coletti lo indica e lo dimostra bene, con una iniziativa semplice, concreta e, abitualmente, utile.

Don Oreste Benzi, un uomo ingenuo e straordinario che ci ha lasciati da poco, proponeva, alcuni anni fa, i risultati di una ricerca compiuta presso le sue Comunità sulle famiglie dei tossicomani guariti. Costante era, in quelle famiglie, una modificazione profonda delle abitudini e degli atteggiamenti, un avvicinamento forte del padre al figlio e un riequilibrio, a esso correlato, di un rapporto precedentemente troppo stretto del figlio con la madre. Con conseguenze negative, a volte, per il reddito delle famiglie ma con un arricchimento grande del loro patrimonio affettivo. Come accade sempre quando le persone si parlano e si guardano in faccia. Imparando ad apprezzare le differenze. Imparando a capire senza rinunciare a essere se stesse.

Quello che accade in modo più drammatico nelle situazioni più gravi però accade in modo più semplice in quelle che lo sono di meno. Parlare di droga con un adolescente che la esplora o che l'ha esplorata può essere (dovrebbe essere) un'occasione importante di scambio fra generazioni che sono cresciute in contesti diversi; ed è proprio al dialogo basato sul rispetto e sulla curiosità fra genitori e figli che libri come quello di Coletti offrono un'occasione importante. Per me, che a Coletti sono stato un po' padre (tanti anni fa) e molto amico (dopo), verificarlo leggendo è stato insieme utile e importante. Il tempo passa ma le idee e le emozioni restano e poche cose danno piacere nella vita come la possibilità di ritrovare le cose in cui si crede, quelle che si vorrebbe dire e far conoscere, nelle pagine di un libro scritto da un altro di cui hai stima e per cui provi affetto. Capace di dire le cose semplici che si devono dire senza mai cadere nella banalità del buonismo o nella violenza del predicatore. Capace di dare aiuto, davvero, a chi si trova in difficoltà.

Come faccio a sapere se mio figlio si droga?

Vorrei ringraziare Luigi per la sua prefazione affettuosa e competente; Diego Petriccione del Ministero della Salute che ha rivisto il capitolo sulle sostanze; i miei "amici del mare" che mi hanno incoraggiato e consigliato; Costanza, diciannove anni, mia figlia. È stata ed è sempre fonte di conoscenze, discussioni, confronto.

Introduzione

Questo libretto è dedicato e destinato ai genitori.

Soprattutto a quelli che, a un certo punto, sono presi da angoscia e preoccupazione perché hanno timore (o, peggio, hanno capito, già sanno) che il figlio o la figlia si droga.

Nonostante siano passati più di vent'anni da quando il tema della droga era in cima alle preoccupazioni di tutti gli italiani, questo resta uno dei temi più delicati e drammatici per tutti. È stato sostituito solo parzialmente dal più generale e generico tema della sicurezza, che comprende ovviamente anche le droghe, i loro effetti, i loro traffici; ma include anche le paure per una società sempre più multietnica e multirazziale, per le conseguenze delle macro- e microcriminalità, per gli atti come gli stupri, gli assassinii, la violenza sulle donne e sui minori, l'immigrazione clandestina, i furti, le rapine.

Ma, in fondo, la droga resta come un collante forte di molte di queste azioni, di queste minacce: spesso gli assassini, i ladri, gli stupratori sono drogati, quasi sempre gli spacciatori di droghe sono extracomunitari e la loro presenza richiama altra criminalità, altra violenza.

La tentazione è quella di isolarsi per evitare i rischi, passando il più distanti possibile. Assieme a questa tentazione di isolamento, c'è quella, molto forte, di richiedere alle autorità più repressione, più controllo. Si chiedono più agenti di polizia, carabinieri, una maggiore presenza delle forze dell'ordine. Si chiede che spacciatori, violentatori, criminali (anche, e spesso, drogati) vengano messi in carcere e si getti la chiave. Ci si lamenta (a volte, assai a proposito) che i condannati escono dalle galere troppo presto, o magari non vi entrano affatto. Più repressione, più severità, più controllo: questa sembra la richiesta di tanta gente di fronte al problema sicurezza.

Sembra un paradosso, ma c'è chi dice che viviamo in una delle società più sicure di sempre; i dati parlano di una stabilizzazione e di una diminuzione dei reati contro il patrimonio e anche contro le persone. Eppure, il tema della sicurezza è tra quelli più gettonati e i politici fanno a gara a chi ne promette di più.

Che abbia ragione il grande sociologo Zygmunt Bauman quando dice che il vero problema della società attuale, multietnica e globalizzata, è che non esistono più quelle solidità di base che erano fonte di sicurezza meno di mezzo secolo fa? Bauman descrive l'attuale come una società "liquida", in chiaro contrasto con le solidità che Stato, Chiesa e Famiglia hanno rappresentato per le generazioni passate. Niente rappresenta più un rifugio sicuro, tutto è mobile, poco certo: famiglia, affetti, lavoro, amici, organizzazione sociale. Bauman afferma che la vera angoscia moderna non è causata dalla mancanza della sicurezza nella vita di tutti i giorni, ma dalle scarse certezze nel futuro proprio e delle generazioni a venire: pensioni, assistenza, salute, lavoro sono drammaticamente in bilico. Le paure per i furti o per i drogati sembrano allora, in questa prospettiva, un vero spostamento inconsapevole verso falsi obiettivi o mete ridotte.

Poi, quando tutta l'attenzione e la vigilanza sono spostate sull'esterno, la scoperta di un problema come la droga vicino a noi, che tocca un figlio, una figlia, fa crollare ulteriormente le certezze e rende fragili, scoperti tutti coloro che hanno (o pensano di avere) questo problema.

Nella mia vita professionale mi è capitato di partecipare a centinaia di incontri con i genitori sul tema delle droghe. Da quando me ne occupo attivamente (e sono più di trentacinque anni) sono stato invitato in scuole, parrocchie, sedi di associazioni, di comitati di quartiere, di organizzazioni politiche e sindacali. Ho sempre tentato di contrastare tutte le visioni un po' apocalittiche e quelle che tendevano a banalizzare eccessivamente il problema. Ho provato a introdurre nelle discussioni aspetti che permettessero una visione più aperta, più globale. Ad esempio: si mette a fuoco in maniera del tutto insufficiente il legame tra il consumo, l'abuso di droghe e la criminalità organizzata; si tende a vedere la cosa solo dal lato di chi consuma, senza rendersi conto che ogni consumo in questo sistema attuale è un regalo fatto alle mafie dei narcotrafficanti; quelle stesse che controllano le zone di produzione attraverso lo sfruttamento dei contadini poveri e senza risorse. Oppure: il concetto di droga è molto vasto, e occorrerebbe includervi anche il ricorso sistematico e massiccio all'alcool e agli psicofarmaci. Qui non vi sono le organizzazioni criminali, ma i profitti delle multinazionali dei farmaci che, si dice attualmente, considerano quasi saturo il mercato composto dai malati e decidono di rivolgersi alla gente sana, inducendo il bisogno fittizio e pericoloso di farmaci e sostanze di ogni tipo. Oppure, e più recentemente, ho provato a introdurre nelle conferenze e nelle iniziative il tema delle sostanze dopanti, vera piaga assurda e rischiosa non solo degli sportivi professionisti (in fondo, i campioni decidono loro cosa fare e che prezzo pagare), ma di centinaia di migliaia di giovani sportivi e amatori, che corrono rischi esagerati rincorrendo un bisogno indotto di medaglie e, in generale, di prestazioni; a questo andrebbe aggiunto anche tutto il mercato e l'uso di sostanze che modellano e "scolpiscono" il corpo dei palestrati e di coloro che vogliono alterare la propria immagine fisica e che sono, altrettanto, tremendamente rischiose.

Questi tentativi non sono mai fatti per diminuire il livello di guardia, per tranquillizzare, per dire che il problema sta altrove. Il mio intento è quello di proporre di aprire gli occhi e di inserire la paura delle droghe più tradizionalmente intese in un quadro più largo, meno angusto.

Ebbene, in certi momenti penso che questi tentativi sono, nello stesso tempo, magari giusti, ma inutili. È quando alla fine della conferenza mi si avvicina qualcuno, un padre o una madre, e mi chiede, con evidente angoscia: "Sì, sì, ho capito. Ma come faccio a sapere se mio figlio si droga?" Di fronte ho uno sguardo imbarazzato, sfuggente. Altre volte ho due occhi che mi puntano, insistenti e gonfi di preoccupazione. Qualche volta mi prendono da parte, si assicurano che non ascolti nessuno. Altre volte non hanno timore; non sono discorsi esibiti, ma si sente che c'è urgenza. Da parte mia, un momento di sconforto, lo confesso; capisco che non ho risposto a un bisogno importante; magari ristretto, magari mal posto. Ma un bisogno vero e profondo.

Ecco perché ho deciso di scrivere questo libretto.

Magari, qualche genitore che non ha trovato una risposta alle argomentazioni delle conferenze a cui ha partecipato, può trovare qui qualche risposta più compiuta.

C'è stata un'altra spinta che mi ha guidato: sono tempi di "test": test nelle scuole, sui luoghi di lavoro, test ai parlamentari. Una vera malattia invasiva. Sembra imprescindibile sapere: sapere se qualcuno si droga. Non si riflette abbastanza sull'aridità di una risposta a un test: sì, no. Un numero, al massimo. E poi? Che fare dopo? Se il test è l'arma "vincente" dei genitori per sapere se il figlio si droga, a che prezzo ci si arriva? Come recuperare un rapporto di fiducia sicuramente incrinato dall'imposizione di un test che dovrebbe "scoprire la verità" sul figlio che mente o che la tira alle lunghe?

Ho una piccola speranza: che chi legge questo libretto possa avere la pazienza di leggerlo tutto, fino in fondo, come un bel giallo che non si presta a essere rovinato andando a vedere subito il nome dell'assassino.

E che, leggendolo, ci si faccia un'opinione più completa e varia sul problema e che si possa affrontarlo (se esiste veramente) con maggiore consapevolezza ed efficacia; come un problema serio, che non può essere risolto da un test.

Ci sono in giro centinaia di libri e di pubblicazioni sulle droghe e sui drogati; alcuni sono veramente pregevoli, completi, scientificamente orientati. Altri sono ottimamente confezionati in maniera divulgativa, senza inutili terminologie tecniche. Consiglio di completare l'informazione leggendo anche questi strumenti di comunicazione. Ovviamente, esistono tantissimi altri volumi che si occupano del problema dal punto di vista più professionale: le sostanze e i loro effetti, i soggetti e i loro comportamenti, le terapie e le loro caratteristiche, le leggi e le loro conseguenze.

Il mio, invece, vuole essere il tentativo di rispondere a una domanda più circostanziata: come fare a sapere se un figlio ha esperienze (casuali o ripetute) con le sostanze stupefacenti, come arrivarci, come gestire una situazione che è inizialmente e soprattutto un problema di relazione genitori-figli?

Come si è parlato delle droghe

I termini più in voga per definire il problema così come si presenta ai nostri occhi sono sempre un po' apocalittici: il flagello della droga, la piaga della droga, il tunnel senza ritorno, il cancro della società.

Sappiamo di vivere in una società che ha uno spasmodico bisogno di notizie clamorose, di scoop, in cui "fa più rumore un albero che cade, di una foresta che cresce".

Eppure dovremmo chiederci come e come mai la droga, le droghe, i drogati fanno ancora tanto, clamorosamente e drammaticamente, notizia. Se si vuole parlare ai mass media, carta stampata, televisione, radio, è la stessa cosa. Più si insiste su particolari pesanti e preoccupanti, meglio è. Si ha attenzione e interesse se si afferma che l'età del primo consumo si abbassa, se si racconta di bambini di dieci anni che fumano canne. Si ottiene meno spazio se si denuncia che il sistema delle risposte terapeutiche e riabilitative è in crisi e ha bisogno di idee nuove e risorse adeguate.

Da quando questa attenzione alle droghe?

Possiamo dire che l'uso e l'abuso di sostanze si è ampliato nel mondo occidentale a partire dalla seconda metà degli anni sessanta. Prima, almeno in Europa e negli Stati Uniti, le droghe erano già conosciute e usate ampiamente. Certo qualcuno ricorda di aver visto in riproduzioni di pubblicità degli anni trenta l'annuncio di un prodotto considerato miracoloso, un toccasana dal nome ben conosciuto: la cocaina. Qualcun altro ricorderà che la nota bevanda scura dolce e gasata ha solo recentemente cambiato composizione, sostituendo la cocaina (ancora!) con la caffeina.

E non solo.

Omero descrive i mangiatori di loto: soggetti che passavano la loro vita intontiti dall'uso continuo dei fiori dolcissimi di questa pianta i cui effetti allucinogeni facevano dimenticare tutto, perfino la voglia di tornare a casa.

Sono noti consumi di massa di oppio fumato nell'Estremo Oriente, nelle fumerie di Shangai o di Pechino.

Così come sono noti i contadini delle Ande che, per meglio sopportare la fatica del loro pesante lavoro a quote alte, masticano foglie di coca.

Ancora, molte popolazioni del Nordafrica masticano, sempre in gruppo, il khat, foglie e germogli della *Catha edulis Forsk*, un albero che cresce spontaneamente lungo le dorsali montuose dell'Africa Orientale e dell'Arabia. Queste foglie contengono una sostanza che, dopo una lunga masticazione, produce effetti stimolanti.

La tintura di laudano (un composto a base di oppio) fu molto in voga nell'Ottocento per scopi medici, per sedare la tosse e per contrastare la diarrea.

È utile ricordare che molte delle sostanze oggetto delle preoccupazioni attuali sono state scoperte e prodotte a fini medici: la prima guerra mondiale è stata una serie infinita di massacri, la prima occasione di uso sistematico di bombardamenti a tappeto sulle trincee in cui i poveri fanti erano costretti a restare. Per alleviare i dolori insopportabili delle orribili ferite dei soldati, i medici usarono largamente la morfina, un oppiaceo ancora oggi largamente in uso per la terapia del dolore. Morfina, eroina, cocaina sono, dunque, anche medicine di relativamente largo uso nell'attualità.

Una quantità enorme di personaggi, inventati o reali, ne ha fatto uso in tempi anche recenti. E non solo artisti e creativi che hanno sperimentato stati alterati di coscienza e li hanno applicati alla loro produzione. Un grande cocainomane era il detective per eccellenza, Sherlock Holmes, uscito dalla penna di Sir Arthur Conan Doyle. Il fondatore della psicoanalisi, Sigmund Freud, ha usato regolarmente la stessa sostanza e ne ha scritto nel libro *Über Coca* (Sulla cocaina). John Fitzgerald Kennedy ricorreva abbondantemente e costantemente a sostanze diverse, tra cui l'eroina.

In quell'epoca, gli Stati Uniti si compromettevano pesantemente nella guerra in Vietnam. Centinaia di migliaia di giovani americani vennero mandati a combattere nella giungla e sugli altipiani in una guerra drammatica (come tutte le guerre), in condizioni difficilissime. Molti di loro vennero a contatto con l'oppio e con il suo derivato, l'eroina. Questa sostanza è molto potente e permette di stordirsi, di dimenticare provvisoriamente la situazione che si vive sul momento. Un numero enorme di soldati americani furono travolti da un uso continuo e crescente di eroina, ne divennero assuefatti e dipendenti, tornarono in patria in condizioni pietose e fu necessario mettere a punto appositi programmi di recupero per loro. Nel frattempo, avevano portato a casa l'eroina.

Dunque, qualcuno si potrebbe chiedere, dov'è lo scandalo?

Che differenze ci sono tra Freud, Kennedy, i mangiatori di loto dei tempi antichi e i giovani dell'età attuale con i loro consumi di eroina, cannabis, cocaina, amfetamine, ecxtasy?

Perché l'emergenza quarant'anni fa in Occidente

Come già detto, si comincia a percepire le droghe come un problema che non riguarda solo delle élite, alla metà degli anni sessanta.

Una serie imponente di fattori contribuiscono a un uso diffuso gradualmente in tutti i Paesi occidentali.

Certamente, tra i primi, quello legato alla disponibilità e alla maggiore facilità di trasporto. Con un classico meccanismo di offerta-domanda, le droghe (e alcune sostanze in particolare) cominciano a essere disponibili al di là dei tradizionali territori di produzione e di consumo limitato a gruppi ristretti. Lo stesso meccanismo di globalizzazione ante litteram coinvolge le mafie e le altre organizzazioni criminali. Fiutata la domanda, le mafie compiono il salto da operazioni dalle dimensioni locali e regionali, a traffici mondiali. Le mafie e le camorre italiane si gettano sull'acquisto di materia prima (il papavero da oppio, le foglie di coca), sulle operazioni di raffinazione (da papavero a eroina, da pasta di coca a polvere, per esempio), sul traffico internazionale e sullo spaccio a livello locale. Con le droghe, si compie il salto verso la "mafia imprenditrice".

Il secondo fattore è legato alla domanda: inizialmente, la ricerca di alterare lo stato di coscienza, tipica del movimento hippie nordamericano. Poi, l'assunzione di sostanze come atto di sfida, di contestazione. Quegli anni sono, anche, marcati da tentativi di ricerche sulle percezioni, di esplorazioni, da parte di molti giovani.

Ma l'assunzione massiccia di sostanze induce spesso numerosi problemi con la giustizia, conseguenze sulla salute, aumento delle difficoltà a livello sociale. Perché, terminata la fase di esplorazione, molti soggetti restano agganciati all'uso e all'abuso di droghe?

Si possono individuare due diverse ragioni.

La prima è relativa alle caratteristiche di alcune sostanze e ai loro effetti sull'organismo: si può instaurare una dipendenza (non se ne riesce a fare a meno, l'organismo ne ha bisogno) o un'assuefazione (per avere lo stesso effetto, occorre aumentare le dosi di assunzione).

La seconda ragione è implicita negli effetti delle sostanze: obnubilamento, stordimento, eccitazione, calma assoluta, stati alterati di coscienza. Molti soggetti, dopo la fase esplorativa, cercano proprio uno di questi effetti. È quella che si chiama "autoterapia": il tentativo di placare angosce e problemi profondi che spesso non si riesce a padroneggiare. Oppure, una ricerca estrema di essere vigili, di dedicarsi a determinate attività in continuazione e sempre con la stessa energia e forza iniziali. Se si cercano, se si ha bisogno di questi effetti, alcune sostanze sono una soluzione (temporaneamente, fino all'arrivo delle conseguenze negative, prime fra tutte quelle sanitarie) valida e facile da ottenere. Insomma, una spinta interiore, a volte un disagio che fanno crescere la voglia e il desiderio di determinati stati d'animo o, anche, di evitare sensazioni ed emozioni sgradevoli e opprimenti. In una sorta di autonoma "prescrizione" senza medico, senza ricetta. Una ricerca di piacere e di benessere, oppure un tentativo di evitare un malessere o sensazioni angosciose, negative, insopportabili.

Così, da quell'epoca e fino a oggi, domanda e offerta si sono intrecciate saldamente. Sono comparse e sono state immesse nel commercio illegale non solo eroina e cocaina, ma anche allucinogeni, amfetamine (sostanze, queste, peraltro, legali anche se con restrizioni), droghe di sintesi, cannabis e varie combinazioni o forme di assunzione.

Gli usi e gli abusi si sono dilatati, hanno raggiunto tutte le collettività, soprattutto quelle costituite da adolescenti e giovani. Tendenza alla sperimentazione e bisogno di trovare soluzioni a stati d'animo problematici, si sono saldati con l'offerta diffusa di sostanze sempre più a buon prezzo. Più recentemente, il sistema offerta-domanda si è evoluto: non più lo spaccio nelle tradizionali piazze, ma la possibilità di avere ciò che si vuole semplicemente tramite i telefoni cellulari, un modo semplice e meno rischioso per chiedere e ricevere la merce.

Del resto, anche i soggetti consumatori (come le sostanze) sono parzialmente cambiati: da giovani emarginati, ad adulti, imprenditori, politici, sportivi.

La confusione attuale sulla terminologia

È molto grande la confusione sulla terminologia utilizzata per descrivere il fenomeno degli usi e consumi di sostanze stupefacenti.

Da questa confusione ha origine una serie infinita di fraintendimenti, di sottovalutazioni e di esagerazioni dei problemi legati alle droghe.

Se solo si pensa ai diversi modi di descrivere coloro che fanno uso o consumo di sostanze, ci si accorge della confusione.

A parte il termine "drogato", che è divenuto lo stereotipo del modo di intendere certi soggetti, si è usato il termine "tossicomane", maniaco cioè dell'uso di sostanze tossiche. Ci si accorse, in seguito, che il ricorso al termine "mania" era assai improprio, e si preferì il termine oggi ben noto di "tossicodipendente"; veniva alla luce, così, la categoria della dipendenza. Dopo un altro periodo di tempo, gli esperti e gli operatori misero a fuoco il fatto che vi erano anche consumi e abusi di sostanze che, per le loro caratteristiche, non potevano provocare una dipendenza fisica; ma il termine rimase in uso, perché ci si rese conto che si poteva sviluppare una dipendenza di tipo psicologico. Peraltro, molti ricercatori contestano questo concetto in quanto, dicono, a differenza della dipendenza fisica, quella psicologica non può essere individuata e misurata in maniera attendibile e rischia di essere qualcosa di troppo soggettivo.

Poi, si decise di togliere di mezzo quella parte del termine che faceva riferimento alle caratteristiche "tossiche" di una data sostanza. Restò la parola "dipendente" o "dipendenza". A cui si aggiunse la specifica "da sostanze", per differenziare soggetti e situazioni legati alle sostanze, dalle dipendenze psicologiche da altri fattori. È conosciuto, ormai, il fenomeno delle "dipendenze senza sostanze": il gioco d'azzardo patologico e la dipendenza da Internet, per esempio. Ma si può essere dipendenti anche dal rapporto con un'altra persona, come è ben noto.

Più di recente, si è preferito ritornare alla terminologia che l'Organizzazione Mondiale della Sanità aveva proposto un quarto di secolo fa e che rimarcava la differenza tra consumo e abuso. Oggi si parla di consumo per intendere l'uso sporadico e non problematico, mentre si preferisce usare il termine "consumo problematico" per indicare le situazioni più pesanti, più rischiose e patologiche. Ovviamente, lo ripetiamo, molto dipende, in termini di rischio, dalla sostanza consumata; ma anche dal contesto del consumo.

Insomma, la maniera di definire il problema può portare a conseguenze sbagliate o a pregiudizi di qualche genere, a eccessi e anche a banalizzazioni pericolose.

I soggetti: adolescenti e giovani

Una parte molto consistente dell'allarme sulle droghe è legata, senza dubbio, al fatto che si parla di adolescenti e di giovani in generale.

Si comprende come ci sia la massima allerta se determinati rischi coinvolgono soggetti che sono considerati fragili e influenzabili.

Effettivamente, la maggior parte dei consumatori sono compresi nella fascia d'età che va dai quindici ai ventotto-trent'anni: adolescenti, tardoadolescenti e giovani. Solo per fare un esempio, la Relazione al Parlamento dell'anno 2007 (e relativa ai dati dell'anno 2006) presenta i dati ESPAD®Italia2005 [1] da cui si deduce che circa un terzo degli studenti italiani hanno provato a fumare uno spinello nel corso della vita, il 24 per cento l'hanno fatto nel corso degli ultimi dodici mesi, e la somma stimata degli studenti della scuola superiore italiana (dai 15 ai 19 anni) che ha fatto uso di cannabis nel corso di un anno è di circa 75.000 soggetti.

Come si spiega questo fenomeno, nella sua ampiezza?

Innanzitutto, occorre precisare che certi usi e abusi riguardano anche soggetti di età superiore. Se pensiamo al ricorso alla cocaina da parte di coloro che cercano di migliorare le prestazioni sul lavoro o nella sfera sessuale, allora appaiono persone più in là con gli anni, a volte di mezza età.

Ma, indubbiamente, dobbiamo capire qualcosa di più su quella parte del problema che riguarda coloro che si avvicinano alle droghe più presto.

L'adolescenza, è ben noto, è una fase della vita molto complicata.

È complicata per l'adolescente e per la sua famiglia. È un periodo cruciale per la stabilizzazione psichica e anche sociale della persona.

[1] L'indagine ESPAD®Italia2005 permette di ottenere informazioni relative alla prevalenza dei consumi di sostanze psicoattive legali e illegali nella popolazione scolarizzata. Tale indagine ha lo scopo di monitorare i consumi di alcool, tabacco, sostanze dopanti e droghe negli studenti delle scuole medie superiori.

Non più bambino, non ancora adulto, l'adolescente è un po' l'uno e un po' l'altro. Si trova a gestire situazioni nuove senza tutti gli strumenti dell'esperienza, e deve e può farcela da solo. I genitori, la famiglia, gli adulti in genere, hanno un compito molto delicato: sostenerlo, ma anche lasciarlo (ragionevolmente) vivere le sue esperienze, i suoi successi, i suoi fallimenti. Il giusto equilibrio tra supporto e libertà è molto difficile da trovare, assai legato alle caratteristiche delle diverse situazioni, mai definito una volta per tutte.

Una caratteristica fondamentale dell'adolescenza è l'esplorazione sistematica dei limiti e delle occasioni.

Chiunque sia genitore di adolescenti (o lo sia stato) conosce molto bene la frustrazione di non potersi imporre con le decisioni che sarebbe più opportuno prendere in certe occasioni. L'adolescente non vuole sentire consigli (o non più di tanto). L'atteggiamento impositivo lascia strascichi pesanti, crea allontanamenti e incomprensioni. Alla fine, ci si rassegna a modulare in qualche modo l'influenza, i consigli, i divieti e le richieste gradualmente con il passare del tempo; che è la cosa più giusta.

Volutamente lontano dall'influenza degli adulti, l'adolescente ha voglia di esplorare, di dimostrare le proprie capacità, di sfidare limiti e rischi. Spesso, di dimostrare che gli adulti hanno torto a richiamare alla prudenza, alla ragionevolezza.

L'adolescente "sente" il gruppo, il branco, gli amici più fidati; con loro organizza il suo sapere.

Stiamo, è ovvio, parlando molto in generale; esistono adolescenti molto diversi dagli stereotipi che si presentano qui. Adolescenti già precocemente adulti e responsabili e, al contrario, adolescenti molto infantili.

Ma ci interessa insistere sulle idee dell'esplorazione e della diffidenza crescente verso gli adulti.

La prima, l'ansia di esplorare, può portare a provare le sostanze.

La seconda contiene l'essenza dell'inutilità di atteggiamenti punitivi, repressivi, di eccessivo controllo.

Il gruppo, l'influenza reciproca e la disponibilità molto semplice di sostanze in ogni luogo e tempo, fanno il resto.

È ovvio che esistono motivazioni molto più raffinate e complesse, soprattutto quando non si prende in considerazione l'uso iniziale, ma la perseveranza nell'uso.

Le ragioni sono diverse: ci sono quelle che, appunto, spiegano l'uso iniziale e quelle che sostengono il permanere o, magari, l'aumento dell'uso e il passaggio all'abuso.

Riportiamo qui una polemica infinita e mai chiusa: l'uso iniziale di sostanze come l'hashish porta più vicini all'abuso di sostanze più compromettenti, come l'eroina o la cocaina? Qualcuno dice: tutti gli eroinomani hanno iniziato con le canne. Altri controbattono: solo una piccola percentuale di quelli che hanno fumato hashish sono passati alle droghe più dure.

Resta, comunque, un dato di fatto: come è stato detto, è altissimo il numero degli adolescenti che, almeno una volta, hanno provato una sostanza.

Qualche studioso inserisce l'uso di droghe (non l'abuso) tra i "riti di passaggio" dall'adolescenza alla fase del giovane adulto.

C'è, poi, da considerare la facilitazione all'uso di determinate sostanze prodotta da contesti specifici: discoteche e *rave parties*, occasioni di ascolto di massa di musica, sono molto legati a certe droghe; quando si vuole ballare per quattro, cinque ore consecutive, una sostanza che dà energia è un bell'aiuto. Così come aiutano altre sostanze che permettono un ascolto della musica particolare, profondo, stordente.

Fase di vita, rapporto con il mondo adulto e con la società, centralità del gruppo, disponibilità facilitata di sostanze, contesti favorenti, sono gli ingredienti che permettono l'approccio alle sostanze da parte degli adolescenti.

È un male questo, un male assoluto?

Una splendida ricerca[2] effettuata più di vent'anni fa ha studiato un (piccolo) gruppo di soggetti durante un tempo molto lungo, dai tre anni ai diciotto. I partecipanti alla ricerca sono stati sottoposti a test che riguardavano comportamenti e dinamiche familiari a intervalli di tre anni. Alla fine, si è misurata la loro contiguità all'uso di droghe, alcool compreso. I ricercatori hanno diviso il campione dei soggetti in tre sottogruppi: due "estremi" e uno "centrale". I primi sono stati definiti rispettivamente "consumatori" e "astemi". I consumatori sono quella porzione del gruppo che, all'età della verifica finale verso i diciotto anni, risultano più vicini al consumo e all'abuso; gli astemi sono, invece, quelli che alla stessa età evitano accuratamente qualsiasi contatto con le sostanze e le bevande alcoliche. Per entrambi i gruppi sono stati ripresi i risultati delle prove eseguite nelle fasi precedenti e si sono trovate evidenze di particolari costellazioni, di aspetti problematici del carattere, di dinamiche familiari problematiche (non si trattava, occorre dirlo, di situazioni patologiche gravi, quanto piuttosto di tendenze e atteggiamenti genitoriali eccessivamente ansiosi e iperprotettivi o, al contrario, eccessivamente distaccati e assenti). Mentre, per il gruppo centrale più numeroso (quello degli esploratori), i test indicavano che sia dal punto di vista del carattere che da quello dei comportamenti, delle relazioni sociali e familiari, si era in presenza di parametri che rientravano nella normalità. I ricercatori chiamarono i componenti di questo gruppo "esploratori" perché anch'essi avevano usato sporadicamente alcool e droghe, ma se ne erano allontanati rapidamente. Le tre principali conclusioni della ricerca furono:

[2] J. Shelder e J. Block, *Dimmi bambino che vita fai e ti dirò se ti drogherai: uno studio prospettico sui fattori predittivi della tossicomania.* Commento di L. Cancrini, "Ecologia della Mente", vol. 5, N. 10 (dicembre 1990).

1) A determinare la maggiore vicinanza a un consumo problematico di droghe erano diversi fattori, anteriori all'inizio del consumo.

2) Gli stessi fattori antecedenti e problematici erano presenti nei soggetti che sviluppavano una sorta di rifiuto assoluto verso droghe e alcool.

3) I soggetti che rientravano nell'intervallo della normalità avevano provato ad assumere sostanze e si erano limitati a un consumo modesto, saltuario, abbandonato abbastanza presto.

Ricerche come quella citata ribadiscono che il consumo, quando sporadico, limitato a una fase della vita, non massiccio, non costituisce in generale un problema e può rientrare nelle caratteristiche proprie dell'adolescente e del giovane adulto. Fortemente influenzato dai fattori che abbiamo prima citato, deve essere certamente oggetto di attenzione e di approfondimento da parte dei genitori; ma è indispensabile, prima, avere coscienza che (quando ha le caratteristiche indicate) si tratta di un fenomeno tendenzialmente passeggero e che, se affrontato con i figli come se fosse già una dipendenza patologica, aumenta il rischio di incomprensioni e di distanze fatali tra genitori e figli. I rischi ci sono tutti (illegalità, qualche rischio per la salute). Ma è necessario inquadrare questi rischi alla stessa stregua dei comportamenti di abuso sporadico di alcool, di pericoli connessi alla guida di qualsiasi mezzo di trasporto, di diversi altri comportamenti adolescenziali e giovanili. Per cui, si tratta di affrontarli senza allarmismi, con misura e competenza.

Motivazioni all'uso

Tante volte, soprattutto nel passato, si è detto che si prendevano droghe per ricercare i "paradisi artificiali".

Inoltre, già si è fatto riferimento alla ricerca di "stati alterati di coscienza".

Riflettendo su questa terminologia, saltano immediatamente all'occhio i termini "artificiali" e "alterati"; una ricerca, quindi, di qualcosa di irreale, lontano dalla vita quotidiana, qualcosa che forzatamente e fortemente cambia i connotati della vita che ognuno vive.

Il risultato è sicuramente una reazione di rifiuto, una sensazione di pericolo.

Se, invece, dicessimo che le droghe vengono assunte per avere una visione diversa della propria esistenza, del contesto circostante, dei momenti che si vogliono vivere in gruppo; e che questa diversità è "in meglio", che si vuole migliorare e rendere più piacevole e bella la realtà in cui si vive, la questione potrebbe assumere connotati differenti.

Il ricorso alle droghe è sempre stato caratterizzato da questa ricerca.

Non si vuole, qui, esaltare o giustificare l'uso delle droghe, soprattutto quando si mettono a fuoco le conseguenze negative di certi comportamenti.

Si vorrebbe solo ricordare che la ricerca del meglio, di divertirsi, di sentirsi disinibiti e liberi, è un obiettivo che difficilmente potremmo considerare negativo in sé. E meno negativo appare quando questa meta, questo desiderio è di un adolescente.

Poi, occorre ricordare che l'assunzione di droghe è sempre, all'inizio, un'esperienza positiva.

Affermare il contrario sarebbe un errore abbastanza evidente. Le droghe, le diverse droghe, provocano diverse sensazioni positive, ed è questo che ne costituisce una delle più potenti attrazioni.

Si è anche detto che la motivazione può essere quella di tenere a bada sensazioni ed emozioni sgradevoli e angosciose. La disponibilità di una sostanza la cui assunzione permette il raggiungimento di questo obiettivo è una delle più potenti spinte motivazionali ad assumere droghe; non è differente dall'assunzione (controllata e medicalmente assistita) dei tanti psicofarmaci che modificano il tono dell'umore e le sensazioni, prescritti molto spesso in maniera superficiale e sbrigativa; a pazienti che non dormono, che riportano vissuti di depressione, di paure incontrollate, di ansie.

Insomma, le motivazioni a fare ricorso alle droghe sono moltissime.

Ribadiamo che dovremmo, innanzitutto, distinguere in maniera netta le motivazioni a *iniziare* l'uso, a sperimentare le sostanze, dalle motivazioni a *ripetere l'esperienza* successivamente, da quelle a *mantenere costante e continuo l'uso e l'abuso.* Sono tre gruppi di motivazioni estremamente diversi a cui occorrerebbe prestare la massima attenzione specifica e differenziata.

Si prova le prime volte per motivazioni semplici, quali:

- desiderio di divertirsi, di fare qualcosa di speciale
- desiderio di sperimentare qualcosa che è stato presentato come "positivo"
- curiosità e voglia di sperimentazione
- bisogno di adeguarsi al gruppo, agli amici
- bisogno di adeguarsi al contesto circostante

Non vi è dubbio che tra le motivazioni all'uso iniziale c'è quella rappresentata dalla facilità a reperire le sostanze, specie quelle tipiche del primo uso: cannabis, droghe di sintesi o da discoteca o da ballo.

La ripetizione dell'uso ha a che fare con motivazioni che possono essere, almeno in parte, differenti:

- resta il desiderio di divertirsi e di sperimentare, rafforzato dall'esperienza in genere positiva già provata
- restano le motivazioni legate all'adeguarsi al gruppo di amici e alle situazioni esterne
- appaiono le spinte alla ricerca di "quel" determinato effet-

to già provato: disinibizione, allegria, possibilità di introspezione, di contatto, di modifica delle percezioni audiovisive

Ancora, differenti in maniera sostanziale sono le ragioni per continuare a lungo l'uso, fino a farlo diventare abuso o consumo problematico. L'uso regolare e problematico di droghe è basato:

- sulla ricerca spasmodica degli effetti delle sostanze (differenti a seconda della droga assunta); questa ricerca diviene una ragione di vita importante nei soggetti con situazioni più compromesse
- sugli effetti stessi di alcune sostanze, che possono produrre assuefazione e dipendenza fisica o psicologica
- sulla forza trainante (negativa) di uno stile di vita che viene assunto quando l'uso è divenuto abuso e si è instaurato un consumo problematico

L'aspetto problematico è dato dalle conseguenze fisiche sull'organismo; dalle conseguenze sociali, legate alla distanza da uno stile di vita "normale" e alla frequentazione di gruppi composti da soggetti con le stesse abitudini; dalle conseguenze psicologiche o psichiatriche di base, che restano abbastanza intatte anche dopo un uso continuato e massiccio; dalle conseguenze legali eventualmente intercorse; dalle conseguenze familiari, spesso caratterizzate da una serie di problemi nei rapporti interpersonali.

Un problema etico?

Ora, dobbiamo affrontare un aspetto assai spinoso: è male, è un peccato consumare droghe?

Spontaneamente, verrebbe da dire di sì, almeno se si guarda all'allarme sociale a cui abbiamo fatto riferimento e alle conseguenze giudiziarie, sanitarie, psicologiche e sociali patite da molti soggetti in relazione alle droghe.

Ma vi è qualcosa di esagerato nelle forme in cui il problema viene, ancora oggi, affrontato.

Viviamo in un mondo in cui i consumi vengono fortemente incoraggiati. Tutta la produzione di beni è diretta verso gli aumenti dei consumi, verso i consumatori. L'imperativo è consumare di più e più frequentemente di tutto: dentifrici, cibo, automobili, oggetti, perfino farmaci (quelli cosiddetti "da banco", appositamente prodotti e soggetti alla cosiddetta "autoprescrizione"). Una parte rilevante della nostra economia è basata sulla tenuta del mondo dei consumi e dei consumatori. Tutte le imprese basano le loro strategie sull'attenzione al cliente, chiamato, appunto, consumatore.

Esistono, nello stesso tempo, consumi che sono considerati immorali, in particolare quelli delle sostanze illegali.

Mentre, sempre per restare sui consumi di sostanze, resta difficile alzare il livello di guardia per i consumi di alcool e di farmaci, ugualmente dannosi.

C'è qualcosa di pregiudiziale verso le droghe illegali che, a parità di pericolo e di danni causati, sono simili a molte sostanze legali consumate.

L'idea, allora, di una barricata morale, di una battaglia etica dovrebbe destare perplessità.

Altro è mettere a fuoco le conseguenze sanitarie, psicologiche e sociali di certi usi e abusi.

Il divieto, quando diviene morale, non è più efficace, non convince più.

Siamo, poi, di fronte a una vera e propria invasione di messaggi estremi, quasi sempre dalle caratteristiche moralistiche ed etiche, che viene dal circuito mass media-politica.

Normalmente, a ridosso di qualche evento drammatico, riparte il circo delle dichiarazioni, degli approfondimenti, degli scontri di posizione e ideologici. Quello che resta, dopo qualche giorno o qualche settimana, è ben poco dal punto di vista pratico: poche decisioni, poche novità durature.

Ed è un bene, da un certo punto di vista.

Verso i veri problemi delle droghe servono azioni di lungo respiro, scelte coerenti, basate sulle conoscenze, sui dati; le decisioni prese sull'onda delle emozioni sono molto poco utili.

Brevi cenni sulle droghe

Il termine "droga" racchiude una serie infinita di sostanze, naturali e sintetiche, e non tutte hanno la caratteristica di modificare e alterare stati d'animo o provocare sensazioni e sentimenti diversi.

Come è noto, il termine si usa anche (o, meglio, si usava dall'antichità e fino a qualche decennio fa) per identificare quelle sostanze da utilizzare nella cucina per migliorare o rendere speciali piatti, pietanze e sapori. Da qui, molti di coloro che leggono questo libro ricordano che si andava dal droghiere per comperare caffè, spezie, spesso anche salumi e formaggi. Per identificare le sostanze stupefacenti si usavano altri termini; oltre a quello appena citato, si parlava ad esempio di sostanze psicoattive.

Le suddivisioni in categorie delle droghe sono numerosissime, e sarebbe abbastanza improprio trasformare questa parte del libro in una trattazione scientifica, parlando di caratteristiche chimiche (molecole, composti) o di sostanze naturali o artificiali, o approfondire le reazioni dell'organismo umano alle singole sostanze, oppure segnalare i risultati della somministrazione sperimentale di certe sostanze nelle cavie.

Sarà sufficiente limitarsi a brevi cenni sulle principali droghe in circolazione e rimandare i più curiosi o chi volesse approfondire ai tantissimi testi disponibili, un elenco parziale ed essenziale dei quali troverete in Bibliografia.

La cannabis

È la base dell'hashish e della marijuana. Parleremo più diffusamente di questa droga, in quanto è quella più utilizzata e più frequentemente da molti soggetti.

Origine

La marijuana è un tipico prodotto della pianta nota come *Cannabis sativa*, l'hashish è prodotto dalla resina delle piante di canapa che crescono, spontanee o coltivate, in molte parti del Nordafrica, del Medio Oriente, dell'Europa e del Centro e Sud America. I principali Paesi produttori sono il Marocco e il Libano. Recentemente, l'Albania si segnala per una produzione molto intensa di marijuana. Ma la canapa cresce bene in qualsiasi terreno, meglio se assolato. La sua coltivazione (e anche produzione, diffusione e uso) risale a più di quattro secoli fa.

Produzione e trasformazione

Dopo aver raccolto le piante di canapa, le si lascia seccare e le si lavora ottenendo il pane di hashish. Questi pani sono trasportati dai luoghi di produzione direttamente ai mercati di vendita in maniere diverse e seguendo rotte a volte complicate e lunghe. I gruppi della criminalità organizzata hanno, da molto tempo, il controllo del traffico e della diffusione al dettaglio. Negli ultimi anni, si sono sviluppate anche coltivazioni autoctone, nelle regioni italiane (ed europee) dove le condizioni climatiche e del terreno sono più favorevoli. Si è sviluppato, allora, una sorta di mercato parallelo, sempre illegale, ma meno controllato dalle mafie, le quali spesso preferiscono azioni criminali più redditizie.

A seconda della quantità di resina e di foglie si hanno le diverse qualità di hashish.

Caratteristiche fisico-chimiche

Il principio attivo è noto come tetraidrocannabinolo, o THC. L'hashish si presenta come una pasta molle di colore scuro. Esiste anche un altro prodotto liquido, noto come olio di hashish.

Principali effetti sull'organismo

Blando allucinogeno, può dare sensazioni di pienezza, rilassamento, leggera euforia, benessere fisico e psichico, più facilità nei rapporti con le altre persone. In alcuni casi anche con dosi moderate o più frequentemente con un uso eccessivo, può dare sensazioni di isolamento e demotivazione verso le normali attività, tachicardia, nausea, e a volte veri e propri attacchi di panico o situazioni di paranoia rispetto alle persone e alle situazioni circostanti.

Schematicamente, gli effetti psicologici della cannabis si possono identificare nei seguenti aspetti:
a) percezioni sensoriali: le percezioni non vengono alterate, ma intensificate (l'intensificazione indotta chimicamente è comunque un'alterazione della normale percezione) e, in certi casi, possono essere interpretate in maniera diversa da come si farebbe durante lo stato di normalità. Si può anche determinare una per-

cezione più acuta dei contorni, dei colori, della profondità delle immagini; in certi casi, si può avere l'impressione di forme e significati particolari in immagini visive di oggetti che hanno funzioni del tutto diverse. I consumatori percepiscono in misura più marcata la separazione spaziale delle fonti sonore; i suoni possono evocare immagini e colori. Ascoltando la musica, viene particolarmente apprezzata la qualità dei suoni;

b) riferimenti spaziotemporali: sono possibili modifiche nella interpretazione delle distanze, che possono apparire più lunghe o più brevi. Marcata e tipica la percezione temporale, collegata con la diminuzione dei legami col passato e col futuro. Ne deriva una particolare concentrazione su tutto ciò che accade nel momento presente;

c) processi mentali: un effetto tipico è quello di indebolimento della memoria immediata. È riferita una maggiore accettazione delle contraddizioni e dell'ambiguità, maggiore ricettività al lato comico delle situazioni, da cui deriva a volte una tendenza al riso quasi incontrollato. Sono possibili anche i cosiddetti pensieri vaganti, associazioni vivaci e spontanee, sensazione di aumento dell'immaginazione;

d) emozioni: in linea generale, sembra che la cannabis abbia un effetto positivo sull'umore, determinando rilassamento, serenità, tendenza al ridere. La facilità al ridere (a volte in maniera irrefrenabile) è riferita spesso dai consumatori iniziali, meno da quelli abituali. Le emozioni possono essere amplificate, ma anche in senso negativo.

Gli effetti comportamentali ruotano attorno a una maggiore disinibizione, una maggiore solidarietà di gruppo. L'intensificazione dei rapporti con gli altri può essere un fattore positivo, ma può anche avere conseguenze negative e traumatiche.

Non viene riferito un aumento dell'aggressività.

Si rileva anche l'effetto di farmaco anti-emetico (cioè ad azione contro il vomito) e stimolante dell'appetito.

Via di somministrazione

La via più frequente è quella fumata, mescolando la sostanza con il tabacco e ponendo il tutto in una cartina leggera, una sorta di sigaretta.

Effetti dannosi a breve, medio e lungo termine

Durante la fase strettamente legata all'uso (a breve termine, quindi) gli effetti dannosi possono essere riferiti ad altre azioni che possono essere contemporanee all'assunzione di cannabis: la guida di veicoli e tutte quelle attività che richiedono concentrazione.

Mentre è stata dimostrata una certa tendenza alla "tolleranza", al fatto cioè che si devono aumentare le dosi per ottenere gli stessi effetti, la questione della dipendenza (impossibilità di farne a meno) non è affatto chiara. È riportata con frequenza la dipendenza di tipo psicologico, mentre è molto meno dimostrata la dipendenza di tipo fisico.

Recentemente, alcuni studi hanno messo in correlazione un uso continuativo di cannabis con l'insorgere di disturbi psicotici. La discussione scientifica è ancora tutta aperta, essendo stata avanzata l'ipotesi che gli effetti della cannabis rendano "solo" più evidenti e palesi stati psichici alterati, comunque già presenti nell'individuo.

Le conseguenze più rilevanti sono legate alla frequenza e agli aspetti quantitativi dell'uso. In queste condizioni, sono possibili tratti ipomaniacali (euforia), episodi depressivi, ansia e attacchi di panico. A seguito dell'uso continuativo è inevitabile uno scadimento delle prestazioni intellettive per perdita di concentrazione e memoria, con gravi ripercussioni sul rendimento scolastico o lavorativo.

Evidentemente, le conseguenze dell'uso di cannabis e dei suoi derivati cambiano se si associano all'assunzione di altre sostanze stupefacenti, che possono esaltare alcune conseguenze e crearne altre.

Diffusione attuale

Dalla Relazione al Parlamento sulle Tossicodipendenze relativa all'anno 2006, risulta che cresce negli ultimi anni il numero dei soggetti (di età compresa tra i 15 e i 44 anni) che riferiscono uso di cannabis; si osserva infatti un significativo aumento nel suo consumo, non solo nella vita e negli ultimi dodici mesi, ma anche negli ultimi trenta giorni.

Nell'intervallo di quattro anni tra il 2001 e il 2005 la percentuale di coloro che ne hanno fatto uso almeno una volta nella vita è passata dal 22 per cento a poco più del 32 per cento (+ 45%, quasi 3 milioni in più).

L'incremento è più consistente nelle femmine fra i venticinque e i trentaquattro anni e nei maschi fra i trentacinque e i quarantaquattro anni, gruppi nei quale il dato è più che raddoppiato.

Tale aumento ha riguardato entrambi i generi in modo significativo in tutte le classi d'età.

Se si considerano i pattern di utilizzo dei consumatori (una o più volte negli ultimi 12 mesi) il 27 per cento riferiscono di aver fatto un uso frequente della sostanza (più di 20 volte).

Gli oppiacei

Fanno parte di questo gruppo soprattutto la morfina, derivata dalla lavorazione del papavero da oppio, e l'eroina, che è un derivato di sintesi della morfina.

Origine

La maggior parte dell'oppio prodotto nel mondo viene coltivato in Afghanistan. Qualche decennio fa, la produzione era concentrata, invece, nel cosiddetto "triangolo d'oro", la zona tra Laos, Cambogia e Tailandia.

Produzione e trasformazione

L'oppio si ottiene attraverso l'incisione delle capsule del *Papaverum somniferum*, da cui trasuda una linfa che viene lasciata a seccare all'aria. Se ne ottiene una resina scura che viene poi impastata in piccoli pani di colore bruno, dall'odore dolciastro e dal sapore piuttosto amaro. Da questo prodotto viene estratta morfina e quindi eroina attraverso una reazione con l'anidride acetica; l'eroina è, quindi, da considerarsi un prodotto semi-sintetico. Questa operazione può avvenire in laboratori clandestini situati sia in prossimità delle zone di produzione, sia in altre parti del mondo, dove i gruppi di criminalità organizzata gestiscono la trasformazione chimica, la spedizione del prodotto nei Paesi dove il consumo è più alto e tutta la rete del commercio. Una volta giunta a destinazione, l'eroina ad alto grado di purezza viene "tagliata" con molti prodotti diversi (prevalentemente: caffeina, stricnina, barbiturici; alcuni altri adulteranti e sostanze da taglio sono molto pericolosi) e immessa nel commercio "al dettaglio" attraverso la rete degli spacciatori che, ultimo anello della catena, mantengono i contatti con i dipendenti da eroina e in generale con l'intero mondo del consumo.

Caratteristiche fisico-chimiche

Nell'oppio troviamo molte sostanze alcaloidi (morfina e codeina, soprattutto), ma anche altri princìpi attivi diversi.

Principali effetti sull'organismo

Gli oppiacei hanno un effetto analgesico, euforizzante ma anche costipante. Inoltre contrastano gli spasmi muscolari.

Via di somministrazione

Sono diverse le forme di assunzione dell'eroina e degli altri oppiacei. Mentre, fino a più di un secolo fa, l'oppio veniva fumato, l'eroina viene molto spesso (e ancora oggi) iniettata attraverso le vene. L'eroina si può assumere per via nasale, sniffandola; oppure, può essere bruciata su una piastra, inalandone i fumi.

Effetti dannosi a breve, medio e lungo termine

L'eroina e gli altri oppiacei hanno la capacità di produrre dipendenza sia psichica che fisica e assuefazione. Sono evidenti le conseguenze sull'apparato respiratorio (depressione respiratoria), sull'apparato digerente (rilassamento della muscolatura di stomaco e intestino, alterazione delle secrezioni gastriche) e riproduttivo femminile (interruzione dell'ovulazione, amenorrea).

Si rilevano forte rallentamento dei movimenti e sonnolenza, e disorganizzazione del pensiero.

Poiché la mancata assunzione di sostanza, quando l'uso sia continuativo, produce astinenza, si possono avere nausea, brividi, insonnia, palpitazioni e crampi muscolari. In caso di overdose (assunzione quasi sempre involontaria di una dose eccessiva rispetto a quella che l'organismo è abituato a ricevere), si ha perdita di conoscenza, rallentamento della funzione respiratoria fino anche alla morte. Poiché l'assunzione di eroina avviene prevalentemente per via endovenosa, possibili complicanze legate allo scambio di siringhe usate sono l'insorgenza di malattie infettive come epatiti, setticemia, infezione alle valvole cardiache e AIDS.

Anche per l'eroina e gli eroinomani, vale la considerazione che una serie di conseguenze sull'organismo vengono complicate dall'assunzione contemporanea di altre sostanze.

Diffusione attuale

Dalla Relazione al Parlamento sulle Tossicodipendenze relativa all'anno 2006, risulta una netta diminuzione nella proporzione di consumatori tra il 2001 e il 2003 per i soggetti intervistati con età compresa tra i quindici e i quarantaquattro anni: i valori sembrano aumentare di nuovo nell'intervallo 2003-2005, in modo rilevante per i soggetti con età compresa tra i quindici e i ventiquattro anni e i trentacinque e i quarantaquattro anni. Fra coloro che hanno riferito di aver fatto uso di eroina nel corso del 2005, quasi la metà (il 47%) affermano di aver utilizzato la sostanza sporadicamente (da una a 5 volte) e il 40 per cento di averne fatto uso frequente (più di 20 volte).

La cocaina

Origine

Si estrae dalle foglie di coca, notoriamente prodotte in Sud America (Colombia e Bolivia, soprattutto).

Produzione e trasformazione

Le foglie di coca vengono lasciate macerare e mescolate a diversi solventi, per farne una specie di pasta che viene trattata con acido cloridrico per eliminare le impurità. Così si produce la cocaina cloridrato, che è una polvere cristallina, bianca e priva di odore.

Caratteristiche fisico-chimiche

La cocaina si presenta come una polvere bianca, lievemente granulosa.

Principali effetti sull'organismo

La cocaina, così come le amfetamine, ha effetti stimolanti: aumenta l'attenzione, la fiducia nelle proprie capacità, crea un fortissimo effetto euforico, stimola l'allegria, diminuisce la fatica mentale e fisica, aumenta il desiderio sessuale, la voglia di parlare e muoversi in continuazione.

La maggior parte dei consumatori ne fanno un uso episodico e limitato a determinati contesti.

Via di somministrazione

La cocaina viene, di norma, assunta attraverso il naso, sniffandone le classiche "strisce". Ma può anche essere fumata ancora oggi come una volta, nella sua versione più pericolosa, che è conosciuta come crack. Si segnala anche un uso di cocaina per via endovena, molto rischioso.

Effetti dannosi a breve, medio e lungo termine

Si sviluppa tolleranza, ma non è stata confermata la dipendenza fisica; quando l'assunzione viene sospesa non si manifesta alcuna sindrome tipica di astinenza. Tuttavia, la tendenza a continuare ad assumere la droga è forte, soprattutto a causa della "forza" degli effetti, che permettono un aumento generale delle prestazioni, nel campo del lavoro, in quello sessuale, in quello delle attività criminali, per cui la cocaina è usata per aumentare l'aggressività e l'attenzione.

Danni di media gravità sono malnutrizione e perdita di peso, riduzione dell'udito, dell'olfatto e del gusto, riniti, bronchiti e tracheiti (legati alla modalità di assunzione). Le conseguenze più gravi sono arresto respiratorio, ipertensione, infarto del miocardio, ictus e psicosi. In seguito a overdose (sovradosaggio) si possono avere i danni dovuti alla paralisi del sistema nervoso centrale, ovvero paralisi muscolare e respiratoria, con conseguente coma e morte.

Le principali conseguenze psicologiche sono un deficit delle capacità critiche e di valutazione della realtà, allucinazioni visive e tattili e comportamenti bizzarri (come accatastare oggetti senza apparente motivo). Si possono avere agitazione, sbalzi d'umore, stati di ansia e forte agitazione, rallentamento del linguaggio e della capacità di pensiero, sintomi depressivi con idee di suicidio.

Diffusione attuale

Dalla Relazione al Parlamento sulle Tossicodipendenze relativa all'anno 2006, si osserva un trend significativamente crescente di utilizzazione della cocaina, incremento più accentuato nell'ultimo intervallo di tempo analizzato (2003-2005). Si assiste a un aumento per i maschi con età compresa tra i venticinque e i trentaquattro anni (+ 62% in 2 anni) e per le femmine tra i quindici e i ventiquattro anni (+ 50% in 2 anni); il trend in maggior crescita sembra essere quello dei maschi 35-44enni.

L'analisi dei consumatori assidui (ultimi 30 giorni) non evidenzia tuttavia i medesimi incrementi; anche per la cocaina quindi l'incremento sembra riguardare per ora prevalentemente l'area del consumo sporadico/occasionale.

Il 14 per cento dei soggetti tra i quindici e i cinquantaquattro anni che hanno riferito l'uso di cocaina nel corso del 2005 riferiscono di averla consumata frequentemente, più di venti volte nell'anno.

Le amfetamine e le droghe di sintesi

Il principio attivo si ritrova in molte altre categorie di questo breve elenco e si identifica in una sostanza chiamata metilfenidato. Le altre sostanze di sintesi sono, invece, "costruite" chimicamente, a partire da sostanze di base molto diffuse o abbastanza facilmente reperibili.

Origine

Le amfetamine sono droghe di origine sintetica. Alcune hanno attività terapeutica e sono legalmente prodotte e commercializzate. Le altre sono sostanze ottenute da manipolazioni chimiche di altre sostanze spesso di uso comune e di libero commercio.

Produzione e trasformazione

La produzione di amfetamine è iniziata da più di cento anni e la loro produzione è ancora (e parzialmente) legale. Oltre a essere contenute in altri mix di droghe, le amfetamine sono state usate, con relativo successo, come farmaci per contrastare il senso di fame e, quindi, per aiutare il calo del peso. Sono state commercializzate anche come stimolanti. Le altre droghe di sintesi sono il prodotto di processi chimici che utilizzano i cosiddetti "precursori", da cui si ottengono molecole che variano la loro composizione anche in misura minima. È molto facile organizzare un laboratorio artigianale, quasi casalingo, per la loro produzione. Questo aspetto ne aumenta i possibili rischi, in quanto la produzione artigianale non rende sicuri i prodotti. Il Paese europeo che si segnala per la maggior produzione di droghe di sintesi è l'Olanda.

Caratteristiche fisico-chimiche

Le amfetamine si presentano in forma di compresse o di polvere, generalmente bianca, sostanza gelatinosa o cristalli. Le droghe di sintesi (conosciute, impropriamente, anche come "nuove droghe" o *designed drugs*) sono spesso derivati delle amfetamine e si presentano come compresse che variano di colore, aspetto, forma e dai nomi piuttosto fantasiosi.

Principali effetti sull'organismo

Gli effetti psicologici del consumo di amfetamina o metamfetamina sono simili a quelli prodotti dalla cocaina.

Gli effetti delle droghe di sintesi sono di alterare le percezioni e le sensazioni in contesti quali le discoteche o i *rave parties*. L'effetto fisico è simile a quello delle anfetamine: euforia, ipereccitabilità, nervosismo, tachicardia, sudorazioni, movimento senza riposo, insonnia, parlare continuo, minore sensazione di fatica. L'effetto fisico dura circa otto ore ma è importante sottolineare l'effetto mentale che provoca un'esperienza di benessere, sentimenti di vicinanza emozionale, amplificazione delle emozioni e dell'empatia, sensazione di "possedere il controllo" dei propri problemi, distorsioni piacevoli della vista, del tatto, dell'olfatto e del gusto. L'effetto mentale ha durata abbastanza lunga.

Via di somministrazione

Si assumono per via orale, oppure, l'amfetamina, talvolta per via endovenosa. Alcune sostanze di sintesi possono anche essere fumate.

Effetti dannosi a breve, medio e lungo termine

Per molti studiosi, le amfetamine hanno la possibilità di creare una dipendenza fisica.

La sospensione brusca di amfetamina può scatenare una reazione depressiva grave.

In molte persone, la sospensione è seguita da due o tre giorni di astenia intensa o sonnolenza e da depressione psichica.

I consumatori di amfetamina sono soggetti a incidenti stradali e infortuni sul lavoro, poiché la sostanza produce eccitazione e megalomania seguite da affaticamento eccessivo e sonnolenza.

Se assunta per via endovenosa, l'amfetamina può condurre ad alterazioni dei comportamenti sociali.

Un uso massiccio di amfetamine può produrre ansia e sensazioni di angoscia, provocare tremori e preoccupazioni relative al benessere fisico; sono frequenti allucinazioni ed episodi psicotici spesso di tipo paranoico.

L'ecstasy aumenta la frequenza del battito cardiaco, rende la bocca arida, le mascelle tese e dilata le pupille. La pressione del sangue aumenta (ulteriore rischio per chi ha problemi a cuore e reni o soffre di epilessia). Dato che spesso viene assunta durante una serata in discoteca, contribuisce a far salire la temperatura del corpo e può portare anche al cosiddetto "colpo di calore", che rappresenta uno dei maggiori rischi per la salute. Se si bevono anche alcolici, i rischi aumentano. Quando l'effetto finisce ci si sente depressi, irritabili, spossati. Alcune persone possono accusare nausea, vomito e mal di testa molto forti. Il consumo protratto può provocare perdita di conoscenza, e danni alle mucose nasali.

Chi esagera, ma anche chi la consuma magari poco, ma spesso, può avere crisi d'ansia, di panico o di paranoia che possono riproporsi anche molto tempo dopo. Col tempo possono subentrare problemi con il sonno e con l'alimentazione.

Nella situazione attuale, è frequente che vengano spacciate sostanze dai soprannomi più vari e di cui l'acquirente non conosce affatto il contenuto. Spesso sono mix di varie sostanze ed eccipienti. Il risultato è che non sono conosciuti gli effetti; soprattutto, gli effetti di una sostanza possono essere amplificati o modificati dall'altra presente nel composto.

Diffusione attuale

Dalla Relazione al Parlamento sulle Tossicodipendenze relativa all'anno 2006, si osserva un significativo aumento dal 2001 al 2005 della prevalenza dei consumatori sia di allucinogeni che di stimolanti di sintesi, per ciò che riguarda il dato negli ultimi dodici mesi nella classe d'età più giovane (15-24 anni).

Gli allucinogeni

Origine

Sono sostanze che provengono da diverse fonti; possono essere sostanze naturali o di sintesi. I più conosciuti sono i funghi allucinogeni, il peyote, l'LSD (dietilammide dell'acido lisergico), l'MDMA (metilenediossimetamfetamina), la mescalina, la psilocibina, la ketamina, il PCP (fenciclidina). Quelli naturali provengono da diverse parti del mondo, e soprattutto crescono anche spontaneamente nell'America Centrale e Meridionale.

Produzione e trasformazione

Gli allucinogeni naturali si presentano sotto forma di prodotti delle piante da cui provengono e che passano per processi di trasformazione abbastanza limitati. Quelli di sintesi hanno un processo di trasformazione simile alle già citate droghe sintetiche. Alcune di queste sostanze sono ancora utilizzate per produrre anestesia. La ketamina è usata in pediatria e per l'anestesia degli animali.

Caratteristiche fisico-chimiche

Sono varie. L'LSD è un liquido chiaro o bianco, solubile in acqua. Gli altri allucinogeni possono avere la forma di compresse o di polveri di diversi colori.

Principali effetti sull'organismo

Gli allucinogeni producono distorsioni visive e allucinazioni vere e proprie. È possibile che persone, animali o cose si inseriscano nel campo visivo. La percezione visiva è molto alterata. L'alterazione comprende anche l'alterata percezione dei confini corporei: è come se ci fosse una perdita dei confini tra sé, il proprio corpo e l'ambiente circostante. Frequentemente, si perde la percezione stessa del corpo, degli arti. Non si ha l'esatta sensazione di dove si è. Le sensazioni possono essere piacevoli o spiacevoli, a seconda di molte variabili, soprattutto di tipo individuale. Sono molto evidenti le distorsioni sensoriali in genere, con un aumento delle capacità introspettive. Le capacità cognitive sono molto limitate, ed è lo stesso per quelle legate alla memoria.

Via di somministrazione

Possono essere varie: per via endovenosa, per via orale, ma gli allucinogeni possono essere anche fumati in diverse forme.

Effetti dannosi a breve, medio e lungo termine

Durante l'uso di allucinogeni si determinano diversi effetti negativi di tipo fisico, come incremento della pressione sanguigna e della frequenza cardiaca, capogiri, perdita di appetito, bocca secca, fatica, nausea, intorpidimento e tremori.

È possibile un alto livello di tolleranza agli effetti della droga.

A lungo andare e continuando l'uso si rilevano disturbi più persistenti delle percezioni, anche lontani dall'assunzione di sostanza, e di carattere talvolta molto massiccio, fino a giungere allo stato psicotico. Queste conseguenze persistono molto a lungo, anche dopo la completa cessazione dell'uso.

La ketamina può essere usata per perpetrare uno stupro, rendendo totalmente inconsapevole la vittima che ha assunto la sostanza senza saperlo.

Diffusione attuale

Vedi "Amfetamine e droghe di sintesi".

L'alcool

Sembra assolutamente importante citare tra le droghe psicoattive e in grandissimo uso tra i giovani e gli adolescenti, anche l'alcool. D'altra parte, le conseguenze dell'uso anche non necessariamente smodato di alcool sono note a tutti.

Origine

La vite e la produzione di bevande alcoliche sono di origine antichissima, e molti sono i Paesi produttori.

Produzione e trasformazione

È informazione già conosciuta e diffusa dovunque.

Caratteristiche fisico-chimiche

Come è già molto noto, le bevande alcoliche possono variare a seconda del contenuto in gradi alcolici.

Si possono identificare:

- bevande a basso contenuto alcolico: la birra e le più moderne bibite a tasso alcolico vario
- i vini, di diversa gradazione
- i superalcolici

Principali effetti sull'organismo

L'alcool produce quasi sempre una certa ebbrezza e uno stordimento. Può produrre euforia, ma anche depressione. Può facilitare (soprattutto a certe dosi) la disinibizione sociale, ma può anche aumentare l'isolamento.

Via di somministrazione

Come è noto, è per via orale.

Effetti dannosi a breve, medio e lungo termine

L'ebbrezza alcolica e lo stordimento producono, innanzitutto, una carenza di attenzione e di vigilanza, la più importante e nota tra le cause di incidenti stradali che coinvolgono i giovani.

L'uso combinato di alcool con altre sostanze (cocaina, amfetamine e droghe di sintesi, cannabis, allucinogeni) modifica spesso in maniera determinante sia gli effetti dell'alcool che quelli delle altre sostanze assunte contemporaneamente.

Le persone che bevono ripetutamente e per lungo tempo grandi quantità di alcool, talvolta possono diventare tolleranti ai suoi effetti (la tolleranza si verifica anche con altre sostanze che inducono depressione, per esempio i barbiturici); le ultime assunzioni di alcool non hanno lo stesso effetto tossico delle prime. La tolleranza è causata da cambiamenti adattativi delle cellule del sistema nervoso centrale. Le persone tolleranti all'alcool possono avere un tasso di alcool nel sangue incredibilmente alto. Tuttavia la tolleranza all'etanolo è incompleta e i bevitori manifestano sempre un certo grado di intossicazione e di danno con una dose abbastanza alta. Si può morire per la depressione respiratoria secondaria a sovradosaggio di alcool, anche in presenza di tolleranza. La dipendenza fisica associata alla tolleranza è molto accentuata e la sospensione dell'assunzione produce effetti avversi che possono portare alla morte. I soggetti con tolleranza all'alcool presentano una tolleranza crociata con molte altre sostanze ad azione depressiva sul sistema nervoso centrale (barbiturici, ipnotici non barbiturici e benzodiazepine). La tolleranza, che porta ad aumentare le dosi, è dovuta principalmente alla diminuzione degli effetti ricercati tipo euforia, non di quelli tossici, verso i quali difficilmente si sviluppa tolleranza o assuefazione. Tant'è che gli etilisti subiscono sempre danni gravi da tossicità.

Sindrome da astinenza: in genere i sintomi di astinenza, in seguito alla brusca sospensione del bere, compaiono dopo 6-30 ore dall'ultima assunzione. La tipologia e l'intensità dei sintomi sono collegate al grado di assuefazione raggiunto. La cosiddetta Astinenza Alcolica Non Complicata (AANC) ha inizio dopo 6-8 ore dall'ultima assunzione di alcool e la sua durata è proporzionale al precedente protrarsi della dipendenza. L'AANC può durare fino a una decina di giorni e si manifesta con disturbi gastrointestinali, ansia, tachicardia, ipertensione, tremori, irritabilità. L' Allucinosi Alcolica (AA) può invece manifestarsi dopo 24 ore dalla sospensione del bere. Ai sintomi caratteristici dell'AANC in tal caso si aggiungono allucinazioni (visive e uditive) che conducono ad alterazioni comportamentali. Il terzo stadio di astinenza è il cosiddetto Delirio da Astinenza Alcolica (DAA), che può comparire a circa 48-72 ore dalla sospensione e che, oltre ai sintomi già descritti, può comportare convulsioni di tipo epilettico. Tale situazione può evolvere nel fenomeno conosciuto come delirium tremens, che si manifesta in alcolisti con una lunga storia di abuso. Il delirium consiste in una situazione di profonda confusione e disorientamento, con febbre, vivide allucinazioni (anche tattili), sudorazione, aumento della frequenza cardiaca, ipertensione.

È noto che l'assunzione continuativa di alcool può produrre altre complicazioni quali problemi molto gravi dal punto di vista neurologico, al pancreas e al fegato (cirrosi epatica) e altri problemi metabolici (diabete).

Diffusione attuale

In Italia, come in tutta Europa e negli Stati Uniti, il consumo di alcool nei giovani è in netta ascesa. I dati a disposizione dimostrano che l'età di accesso e di avvio all'uso di alcool è molto bassa, collocando le prime esperienze addirittura ai dodici anni. Come è noto, prima dei quindici anni l'organismo reagisce all'assunzione di alcool in una forma meno "difensiva"; è chiaro, allora, che qualsiasi consumo espone a un rischio maggiore che nell'età adulta. Per evitare conseguenze negative nell'adulto, il consumo di alcool non dovrebbe eccedere i 40 grammi al giorno per i maschi e i 20 grammi giornalieri per le donne; il che corrisponde rispettivamente a 2-3 e 1-2 bicchieri (di vino, non di superalcolici). Per gli adolescenti, a causa dell'incompleta formazione dell'apparato digerente, queste dosi limite vanno drasticamente ridotte. Sempre secondo il già citato studio ESPAD®Italia2005, circa il 70 per cento dei giovani consumano bevande alcoliche, con una maggioranza specifica nel campione preso in esame, tra i diciotto e i diciannove anni.

I farmaci

Dobbiamo aggiungere a questo elenco di droghe alcune sostanze legali.

I farmaci, e gli psicofarmaci in particolare, hanno moltissime caratteristiche in comune con le droghe illegali. Prime fra tutte, gli effetti sull'organismo e le conseguenze dell'uso e dell'abuso.

Ciò che occorre sottolineare è che la pericolosità delle sostanze e dei farmaci non sta solo nelle conseguenze e, soprattutto, non risiede solo nel carattere di legalità o illegalità della loro circolazione. L'unico vantaggio delle droghe legali è che la loro composizione non include sostanze da taglio o eccipienti che possono avere effetti letali, indesiderati o sconosciuti. Inoltre, i farmaci che possiedono attività terapeutica sono prescritti da medici e sono corredati di un foglio illustrativo contenente tutte le informazioni necessarie sui dosaggi e gli effetti desiderati e indesiderati.

Non si vuole, qui, fare una lista di farmaci pericolosi; ci si limita a segnalare quelli più simili per composizione e per effetti alle droghe illegali: gli psicofarmaci. Gli psicofarmaci sono molecole che hanno attività psicotropa, cioè sostanze in grado di agire sul sistema nervoso.

Gli psicofarmaci si dividono in tre grandi categorie: ansiolitici e ipnoinducenti; neurolettici o antipsicotici; antidepressivi.

Per quanto riguarda le conseguenze della loro assunzione, si può dire che aumentano le evidenze cliniche e le scoperte (da ricerche non sponsorizzate dalle industrie) che indicano ulteriori, gravi danni neurologici in risposta a trattamenti a lungo termine specialmente con neurolettici. L'azione di queste droghe sopprime alcuni recettori cerebrali e quando la somministrazione viene interrotta (o il paziente smette di assumerle) le modifiche causate dalle droghe causano un'acuta "sindrome da interruzione" che sovente è più grave dei sintomi originali della malattia. La ricaduta psicotica può causare mesi di angoscia mentale ed emozionale, perdita funzionale e comportamenti violenti e suicidari in pazienti precedentemente non violenti. Questo vale soprattutto per le assunzioni al di fuori del controllo medico.

Gli psicofarmaci vengono, nei casi più gravi di assunzione multipla, frequentemente assunti assieme a droghe illegali, per aumentarne o modificarne gli effetti o per contrastare gli effetti indesiderati e la sindrome da astinenza.

Come fare per sapere se un figlio si droga

È il punto più difficile e delicato.

Un genitore non si "inventa" un sospetto, una certezza sul figlio a proposito dell'uso di sostanze. Generalmente, tutti i genitori vorrebbero i figli perfetti, senza problemi, senza difetti. Il dubbio, il sospetto, la paura, a volte i dati di realtà, infrangono questo desiderio del tutto naturale e umano.

Più si è convinti della relativa "salute" del proprio figlio, più si è convinti che ai figli sono stati dati sani princìpi e buona educazione, più ci si è dedicati per la loro crescita, tanto più la disillusione, la delusione, l'amarezza aumentano.

Anche se è possibile che i genitori raccolgano le prove via via, che si venga risparmiati dalla brutalità, dallo shock della rivelazione improvvisa e inaspettata, c'è sempre un momento in cui si deve mettere a fuoco in maniera completa la verità che si ha davanti; è l'istante più difficile da sostenere. È possibile che si vivano tante sensazioni accavallate. La rabbia, innanzitutto; verso il figlio, verso gli amici, verso la società, verso se stessi. Poi, la paura per le possibili conseguenze, talvolta sconosciute e minacciose. È a questo punto che ci si chiede: "Ma da quanto avrà iniziato? A che punto sarà arrivato? Sarà già troppo tardi? Che soluzioni ci saranno? Oppure: ci saranno soluzioni?" Poi, la vergogna se si pensa al fatto che anche altri sapranno e giudicheranno. Poi, può iniziare un processo di autocritica che potrebbe rasentare la sensazione di fallimento: "Ma come? Io ho fatto tanto per i figli! Mi sono sacrificato, ho rinunciato, mi sono impegnato! Tutto inutile, quindi!" Il senso di fallimento può portare ad analizzare confusamente gli eventi, le fasi della vita.

È un momento di demoralizzazione, di rabbia e di sconcerto.

Comprensibili. Inevitabili dal punto di vista umano, le reazioni emozionali non sono molto utili per arrivare a soluzioni adeguate in una fase che richiede il ricorso a una certa dose di razionalità, per affrontare al meglio la situazione che si ha di fronte. E a volte possono rendere le cose molto, molto più complicate.

Immaginiamo che i sospetti o le prove siano stati raccolti in maniera casuale o che in forma ugualmente casuale si sia stati informati da amici, da altri genitori, da altri adolescenti o amici dei figli.

Se si scopre qualcosa "casualmente"

È abbastanza comune che un genitore cerchi di sapere qualcosa della vita del figlio adolescente, tardoadolescente o giovane adulto. In questa fase, i nostri figli tendono a costruirsi una vita e una personalità proprie, in parte o del tutto differenti dai modelli che hanno in casa. Questo passaggio è assolutamente naturale e importante. La conseguenza è che non sappiamo più cosa fanno, dove e con chi vanno, cosa pensano, quali sono i loro problemi e le loro emozioni. Si instaura una battaglia quotidiana tra le regole che vogliamo imporre come genitori ("ai miei tempi, si faceva così! quando avevo la tua età queste cose me le sognavo!"). Comincia a mancare la fonte di informazione primaria. Interrogati, i figli adolescenti sono restii a dialogare; ma, soprattutto, cresce la gelosia sulle cose che fanno, sui loro amici, sugli ambienti che frequentano. Rispondono a monosillabi, con qualche grugnito, biascicano qualche insufficiente spiegazione. Qualche volta, rispondono con bugie piccole o grandi, spesso contraddette da semplici osservazioni sugli orari, sulle telefonate ricevute o fatte, su soldi i cui conti non tornano, informazioni poco ragionevoli se si prende in considerazione qualche altro elemento. Allora, è facile per il genitore tentare di raccogliere direttamente più notizie, andandole a cercare nelle camere, nei cassetti, negli zainetti, nelle tasche, sui telefonini (che danno una semplice possibilità di conoscere le chiamate in entrata e in uscita e soprattutto gli sms; a meno che il figlio non abbia provveduto a cancellare le tracce in maniera sistematica: ma non è questa una "ammissione" evidente di qualcosa di losco che si vuole occultare?), sui messaggi scambiati per Internet (come i telefonini, altro elemento pieno di contraddizioni: ci fa piacere avere dei figli che se la cavano benissimo con l'informatica; ma, poi, chi li protegge dai rischi? con chi entrano in contatto, con chi chattano?); si va alla ricerca di spiegazioni, di fatti, di episodi e di persone un po' dappertutto. La tendenza all'indagine è maggiore se i genitori sono di fronte a qualcosa di specifico o di generale che non li convince. Normalmente, l'indagine avviene di nascosto, quando il figlio dorme o non è in casa; oppure, frugando le tasche di un paio di pantaloni da lavare.

Si può, anche, imbattersi in qualche traccia di consumo in maniera assolutamente e sinceramente casuale. Qualche volta, vista a posteriori, è anche possibile l'ipotesi che il figlio abbia voluto "inconsciamente" lasciare delle tracce per farsi scoprire; o per lanciare una sfida, una provocazione; o per comunicare qualcosa che è difficilissimo da decodificare, anche dopo.

Che cosa si può trovare?

I normali "attrezzi del mestiere", se si parla di cannabis, sono le cartine per farsi una canna, del tabacco da sigaretta (magari, anche se il figlio non fuma affatto) e qualche piccola traccia di hashish, sotto forma di piccoli (o medi, o grandi) parallelepipedi di colore scuro, lievemente oleosi, morbidi al tatto, quasi sempre avvolti in un pezzo di pellicola trasparente.

Possono essere trovati altri attrezzi per l'uso: piccole pipe, accendini, piastrine metalliche.

Possono essere trovate compresse, pasticche di dubbia provenienza, di varie dimensioni e forme, quasi sempre colorate e con strani marchi impressi su una o ambedue le facce. Anche le pasticche sono avvolte in pellicola o in altro tipo di carta. Non sono quasi mai (a meno che non siano prodotti medicinali, di provenienza lecita ma ugualmente di uso rischioso) inserite nei blister che siamo abituati ad avere in casa e su cui sono sempre riportati il nome del farmaco, la scadenza, il nome della casa produttrice.

Si possono trovare boccette dal contenuto imprecisato.

Si possono reperire cartine, normalmente di stagnola, contenenti diversi tipi di polveri.

Oppure, strumenti da assunzione per via nasale: cannucce metalliche, specchietti, lamette.

Più raramente, i genitori possono trovare strumenti per l'assunzione per via endovena: siringhe del tipo fino e piccolo (da insulina), cucchiaini spesso anneriti sulla parte inferiore, lacci emostatici, cotone idrofilo, tracce di sangue.

Se la prima informazione viene da qualcun altro

È anche possibile che le informazioni su un probabile uso di sostanze (di qualsiasi genere e di qualsiasi quantità) arrivino dall'esterno, in genere sotto forma di telefonata.

Può essere la chiamata di un altro genitore, che si sente in dovere di informare su qualcosa di sospetto o, addirittura, qualcosa di certo che riguarda il figlio di qualcun altro. Magari, perché ha appena scoperto che suo figlio o sua figlia fa uso di sostanze ed è riuscito a estorcere anche i nomi degli altri amici con cui l'uso è condiviso. Oppure, vuole mettere solamente in guardia su comportamenti, atteggiamenti, movimenti sospetti che ha identificato di recente. O, magari, insospettito e preoccupato, chiede un riscontro o un aiuto ad approfondire. Più raramente, sono telefonate disperate e aggressive in cui si accusa il ricevente per il problema del figlio del chiamante; chi chiama ha scoperto l'uso o l'abuso ed è giunto alla conclusione che la responsabilità sia dell'altro, dell'amico, di chi riceve la telefonata, che è riuscito a irretire, convincere, spingere il figlio "debole e troppo influenzabile".

Ci può anche essere il caso di una chiamata di un compagno o di un amico che vuole mettere in guardia, avvisare, allertare i genitori su comportamenti d'uso o di altro genere, che riguardano qualcun altro; sono possibili anche indicazioni su frequentazioni considerate pericolose, amicizie a rischio, relazioni sentimentali con partner considerati sbagliati.

È anche possibile che venga segnalato qualcosa che non va, comportamenti specifici, atteggiamenti e fatti inequivocabili, da parte della scuola o di qualche insegnante. Vi si può comunicare che vostro figlio è stato trovato in possesso di droghe, che le ha cedute a qualcun altro, che le ha consumate magari nei bagni o durante la ricreazione.

Sia che vengano da adulti, sia da amici o conoscenti di pari età, sia da insegnanti, queste informazioni fanno scoppiare il cuore ai genitori responsabili. Un po' come è stato descritto per la scoperta diretta, sembra che il mondo ci cada addosso. Una reazione comprensibile e frequente è quella di rifiutare queste indicazioni e considerarle come inattendibili o, addirittura, frutto di cattiveria, di odio; al massimo, di superficialità. Si reagisce bruscamente e aggressivamente, suggerendo a chi chiama di farsi i fatti propri, di non continuare a dire queste cose così tremende. Ma, è evidente, anche nel caso più estremo, che il dubbio si è insinuato e le preoccupazioni giungono veloci. Oppure, si può affrontare la telefonata cercando di chiedere di più: come lo si è saputo, che riscontri concreti ci sono, da quanto tempo lo si sa, di che tipo di sostanza si tratta.

In ambedue i casi, il genitore che riceve la telefonata di allarme (la "spiata", dirà sicuramente il figlio) inizia subito un percorso doloroso e drammatico di ricerca di altre prove, compreso un confronto immediato con il figlio.

Nel caso della segnalazione da parte della scuola o di un professore, è meglio ascoltare il più attentamente possibile, ringraziare e impegnarsi ad approfondire il problema e le sue conseguenze. Quello che si deve evitare, invece, è di scagliarsi contro i professori e l'istituto scolastico perché hanno ecceduto nel controllo o perché stanno accusando ingiustamente vostro figlio. Se la verifica successiva darà, fortunatamente, esito negativo, ci sarà sempre tempo dopo per chiarire come sia stato possibile insistere su accuse non motivate. In generale, non è mai consigliabile schierarsi a priori e violentemente in difesa del proprio figlio. Questo vale anche quando la segnalazione viene da altri adulti o da amici o conoscenti coetanei di vostro figlio.

Quali sono i segnali più rilevanti?

Dare una lista di segnali, di sintomi, di comportamenti che possono far presumere un consumo di droghe, può essere molto pericoloso. Non è necessario essere particolarmente ansiosi per essere colpiti da alcuni comportamenti anomali dei nostri figli.

Ma, attenzione, quasi tutti questi segnali che ora elencheremo possono non avere a che fare necessariamente con l'assunzione di sostanze stupefacenti. Come già detto, l'età dell'adolescenza, della tarda adolescenza, del giovane adulto sono fasi ricchissime di evoluzione, anche rapida e turbinosa. Sono frequenti sbalzi d'umore, allontanamenti bruschi, chiusure e periodi di tristezza o di euforia. Se, magari preoccupati e angosciati da "quello che si sente in giro", vi mettete in mente che è un problema di droghe, potreste avere sbagliato e vi trovereste a gestire una situazione niente affatto facile.

Come già detto e come si ripeterà ancora, è assolutamente importante non perdere la calma, provare a riflettere, a parlarne con qualcun altro, a confrontare esperienze e conoscenze. In tutti i casi, non precipitate le conclusioni finali.

Mai come in questi casi, la fretta è una pessima consigliera.

L'uso di sostanze, che sia sporadico o continuo, è accompagnato da una serie di comportamenti e di reazioni modificate nell'adolescente o nel giovane. Queste modificazioni hanno due differenti cause: la prima è quella legata alle conseguenze stesse dell'uso. La seconda è quella connessa con le condizioni psicologiche, sociali e familiari che accompagnano e anche precedono l'uso. Potrebbero essere, talvolta, manifestazioni legate alle concause dell'uso; o, meglio, dell'uso ripetuto.

Chi usa sostanze si riconosce per:

Sintomi fisici

Fanno parte di questo gruppo di segnali i disturbi del sonno, le pupille arrossate (per l'uso recente di hashish) o molto piccole (per l'uso di eroina), più raramente pruriti. Chi usa droghe per via iniettiva tende a occultarne i segnali usando sempre le maniche lunghe e nascondendo l'incavo del gomito, luogo più frequente e più semplice per iniettarsi sostanze. Chi usa droghe per via nasale, può avere qualche problema di respirazione e qualche piccola perdita di sangue dal naso.

Riduzione dell'appetito

Si accompagna all'uso di sostanze, qualche volta nella riduzione di peso. Ma, per favore, non prendete ogni rifiuto di mangiare gli spinaci per un segnale inequivocabile di una tossicodipendenza senza speranza!!

Cambiamenti nelle abitudini

Chi usa sostanze tende a farlo in gruppo. Quindi, si potranno notare cambiamenti nelle persone che frequenta, in quelli che lo chiamano al telefono. Oltre ai cambiamenti di comportamento in casa e a scuola (se ne parlerà più avanti), si possono percepire modificazioni nella qualità dei rapporti con gli altri e nella frequentazione di determinati ambienti.

Difficoltà scolastiche

Un uso abbastanza continuativo di sostanze provoca difficoltà di concentrazione e di continuità; si riflette, quindi, nel rendimento scolastico e si accompagna anche a una manifesta diminuzione dell'interesse verso la scuola in generale.

Comportamenti di isolamento

È possibile che in casa vostro figlio diminuisca gli scambi verbali, che lo percepiate come chiuso, ostile. Non vuole comunicare con voi, è sospettoso. Potete scoprire che cambia la sua richiesta di denaro, che non dice cosa ne fa, dove va, con chi va.

Comportamenti violenti e sbalzi di umore

Tipici dell'uso di cocaina e degli eccitanti, si percepiscono in maniera molto netta. Le esplosioni di violenza sono immotivate o susseguenti a questioni veramente banali e irrilevanti. Il soggetto passa da un atteggiamento iperattivo, troppo loquace, a un atteggiamento quasi depresso, rinchiuso in sé.

Un eventuale, ma improbabile (o, comunque, molto più raro), consumo problematico continuo e massiccio di sostanze come eroina o cocaina è accompagnato da altri segnali comportamentali, quali il ricorso abituale alla menzogna, il bisogno impellente di risorse economiche (che porta anche alla sottrazione di denaro o di oggetti in casa), il rifiuto ostinato al confronto, un certo ricorso al ricatto emotivo (se non mi dai i soldi...), violenza verbale, un atteggiamento di sfida e di polemica continuo, una tendenza al vittimismo e una progressiva e marcata diminuzione di interesse per quelle cose che erano prima ricercate e apprezzate (amici, gruppi, organizzazioni).

Ripetiamo, uno o anche più di uno di questi segnali non è la dimostrazione lampante e definitiva che vostro figlio è perduto, è un tossicomane, è senza speranza.

Si tratta di prendere i segni come una traccia su cui lavorare pazientemente, tenacemente e senza pessimismo.

Ci sono situazioni, è vero, in cui i genitori arrivano alla verità delle cose molto tardi, quando il figlio o la figlia è già molto avanti con il consumo, quando si sono instaurate le condizioni per il consumo patologico, quando magari già ci sono conseguenze sulla salute o di carattere legale. È quella che taluni esperti chiamano "cecità familiare", quella condizione in cui i genitori sono "ciechi", appunto, di fronte a segnali incontrovertibili e lampanti della situazione che si deteriora e si fa via via più difficile.

Ma la stragrande maggioranza delle situazioni non sono giunte a questo punto. Si tratterà, sicuramente, di un consumo più o meno sporadico. È vero, quasi tutte le tossicodipendenze sono cominciate con un consumo sporadico di sostanze non troppo pericolose. Ma a fare una tossicodipendenza problematica concorrono un'infinità di fattori che un genitore medio sa sicuramente riconoscere e correggere. E sono possibili tante soluzioni per correggere, per aiutare, per cambiare.

Basta capire di più, non affrettarsi, ragionare, farsi aiutare.

Cosa fare ora?

Ecco, la bomba è scoppiata: preceduta o meno da segnali incerti o incompleti, il genitore si trova di fronte a prove sufficientemente solide e convincenti.

La tentazione più forte è quella di arrivare di corsa alla conferma definitiva; quella che solo il soggetto presunto consumatore può dare.

Ma, qui occorre tirare fuori tutto quello che un genitore può fare di positivo; oppure, almeno evitare errori grossolani.

Vi sono alcune indicazioni molto generali da tenere ben presenti.

1. *Riflettete, prima di agire*

È una regola d'oro: non fatevi prendere dal panico, non serve, anzi è controproducente. Non è possibile, ovviamente, essere freddi e calcolatori. Almeno, non se si ha a cuore il destino dei propri figli e si è preoccupati per la scoperta e per quelle che si pensa siano le conseguenze inevitabili. Ma agire subito e in una forma impulsiva vi fa correre innumerevoli rischi. Innanzitutto, probabilmente non siete nelle migliori condizioni di spirito; che siate rabbiosi, disperati, delusi o angosciati o tutte queste cose assieme, il vostro stato d'animo non si presta a guardare la realtà con la dovuta attenzione, non vi permette di pensare, di riflettere adeguatamente. Le azioni che hanno alla base solo quelle emozioni appena descritte, non vi faciliteranno il compito del confronto con vostro figlio. Anzi, lo renderanno più difficile, più ostico, quasi sicuramente inutilmente drammatico, e vi allontaneranno da una soluzione ragionevole. Se volete "solo" sapere la verità, probabilmente sarà più difficile; se volete vedere se ci sono soluzioni alternative, queste saranno più lontane.

2. *Non trasformatevi in investigatori privati*

La scoperta di qualche traccia, il ricevere indicazioni o soffiate, non si affronta aumentando i controlli casuali o a tappeto. Se cominciate a frugare sistematicamente nella camera di vostro figlio, nello zainetto, nei cassetti, nelle sue tasche, è probabile che possiate imbattervi in qualche conferma. Ma, lo dovete sapere, rischiate di compromettere seriamente il dialogo di cui avete bisogno. Vostro figlio avrà la sensazione di essere spiato (e non è solo una sensazione). Si chiuderà a riccio, non vi dirà più nulla, sarà tentato di negare persino l'evidenza. Che lo facciate voi o che, addirittura, incarichiate qualcuno di seguire e controllare vostro figlio, questo non vi darà necessariamente informazioni più probanti; contemporaneamente, quando presenterete queste evidenze a vostro figlio, sarà la prima cosa che vi ribatterà: "E tu come lo hai saputo?" A questo punto potete essere vaghi e poco circostanziati, assumendo il suo stesso comportamento. Oppure, potete dire come stanno le cose e la reazione sarà quella di qualcuno che si sente tradito, spiato. Non è il massimo, se si cerca un filo di dialogo.

3. *Evitate di fare tragedie*

Se pensate che l'uso di sostanze abbia un rischio molto elevato, quale che sia la sostanza, la frequenza, le quantità; se temete che vostro figlio sia su una china inarrestabile che lo potrà portare verso situazioni disastrose; se siete preoccupati per la sua salute, per la sua condizione psicologica e sociale; se vi sentite feriti, delusi e traditi. Se sentite queste cose (ed è facile che le sentiate), la vostra tentazione sarà quella di esasperare il colloquio. E lo esaspererete di più, di fronte alle prime probabili reazioni vaghe, dilatorie, sfuggenti di vostro figlio. Più crescerà la tensione, più sarete tutti in difficoltà, lontani da una via d'uscita. Il dialogo, le soluzioni, i compromessi, gli impegni, non si raggiungono in queste condizioni. Se non vi sentite pronti a evitare un confronto drammatico, aspettate, prendete tempo. Non saranno certo quelle poche ore o quei pochi giorni a far rovinare definitivamente tutto, a far andare tutti verso la catastrofe. Nel frattempo, potreste cercare di riflettere, di guardarvi dentro, di analizzare i vostri rapporti con i figli, di parlare con qualcuno che vi è amico o, anche, con un professionista che vi possa supportare in questo difficile momento.

4. *Di fronte alla prima negazione, insistete con determinazione*

Arriva il momento del confronto. Come già detto, è facile che la prima risposta sia una negazione sdegnata. Può essere accompagnata dalla domanda: "Come lo sai?" e dalle conseguenze di una reazione forte di vostro figlio che vi accusa di averlo spiato, di non avere fiducia in lui. O può essere plausibile l'accusa di una visione piena di pregiudizi verso di lui/lei, verso i suoi amici, l'ambiente che frequenta. O è possibile che vi si dica che non siete capaci della minima fiducia. I fatti, anche quelli più chiaramente definiti e provati, saranno negati e ribaltati di senso, nei tempi, nelle situazioni in cui sono inseriti. Può anche capitare che vostro figlio vi risponda semplicemente non parlando, sfuggendo realmente, uscendo dalla stanza o di casa. Vi potreste trovare di fronte a un mutismo ostinato e duro. Purtroppo, la reazione meno probabile è quella dell'ammissione piena o parziale dei fatti. Non vi date per vinti: insistete con moderazione ma con determinazione. Fate vedere che non vi accontentate di risposte "di maniera", false, incomplete. Non siate precipitosi: può essere che ci voglia del tempo per far maturare in vostro figlio le giuste condizioni di confidenza, anche se parziale. Chiedete di riparlarne, promettete che sarete insistenti, che ormai siete al corrente e che occorre risolvere in una qualche maniera la situazione.

5. *Fate capire che siete preoccupati, ma che non state giudicando*

È un punto di capitale importanza: quanto più sarete in grado di evitare i messaggi direttamente o indirettamente giudicanti, tanto più avrete la possibilità di fare breccia nel muro. Tutti gli esseri umani si chiudono a riccio di fronte a un giudizio negativo: perché vostro figlio dovrebbe fare eccezione? Anche se siete convinti che prendere droghe è un errore, ci sarà tempo successivamente per affrontare questo aspetto. Ora è il momento di cercare un contatto. E lo si fa meglio se si evitano tutte le condizioni che normalmente lo ostacolano. Non è necessario rinunciare alle vostre idee contro le droghe, ma non è il momento di una discussione filosofica e sociale.

6. *Lasciategli una via d'uscita*

Quando giungesse il momento delle parziali o totali ammissioni, il vostro compito si fa, se possibile, più difficile. Di fronte all'evidenza delle prove vostro figlio adolescente, o magari più cresciuto, si trova in una situazione molto difficile. Già il dover ammettere qualcosa che è stato negato, magari con grande forza e convinzione, lo pone in un angolo: deve dichiarare che ha mentito. Poi, avrà senz'altro sentore che si è di fronte a uno scontro di generazioni, di punti di vista, di convinzioni. Infine, vostro figlio si convincerà rapidamente che la vostra intenzione (vera o presunta che sia) è quella di rinchiuderlo, controllarlo, tagliargli i fondi, impedirgli di partecipare a eventi, di frequentare amici e gruppi, fargli ammettere che ha sbagliato e che deve redimersi. Niente di più facile che questa prospettiva non sia proprio quella migliore. E niente di più facile che la reazione sia, di nuovo, di chiusura, di distanza, di durezza, di scontro. Provate a lasciargli una via d'uscita, un'alternativa onorevole. Non precipitate i tempi per le soluzioni, men che mai per quelle drastiche e definitive. Potreste, per esempio, proporre che se ne riparli in un altro momento. In fondo, anche per lui, questa è una situazione parzialmente inaspettata e lasciargli il tempo per riflettere e per digerire la situazione non può fare che bene. Potreste, anche, evitare completamente di giungere a conclusioni “operative” e immediate; chiedetegli di avanzare proposte, responsabilizzatelo in qualche modo. Fate capire che siete interessati al suo punto di vista, anche su come affrontare il problema.

7. *Siate uniti, se potete*

Finora, abbiamo parlato di genitori, usando un plurale indistinto. Oppure, abbiamo fatto riferimento a un singolare anch’esso abbastanza indistinto. Nel caso che i genitori siano una coppia normalmente funzionante, è indispensabile non agire separatamente. I nostri figli sanno, fin da piccoli, che siamo padri e madri e che ognuno di noi è fatto a modo proprio, con caratteristiche, storie, convinzioni e priorità differenti. Se nella fase infantile è anche plausibile che ciò che uno non concede si chieda all’altro, nella speranza di una risposta finalmente positiva, nel caso di una situazione come quella che stiamo descrivendo è indispensabile agire in coppia. I segreti e le iniziative individuali non sono le soluzioni migliori. Oltre tutto, la verifica e la discussione tra i genitori prima del confronto con il figlio rafforza le premesse del confronto stesso e permette di smussare tutte quelle condizioni psicologiche e reattive che ognuno di noi vive: uno potrebbe permettere uno sfogo di rabbia e di delusione dell’altro (e viceversa), con il risultato di evitare quelle azioni inconsulte che sono tanto dannose. Non litigate, non rinfacciatevi le colpe reciprocamente. È indispensabile arrivare a essere il più possibile calmi e lucidi. Potreste anche decidere come affrontare vostro figlio: se insieme, o attraverso uno solo di voi.

Nel caso di genitori separati, la cosa si fa veramente più difficile. Sono quelle situazioni in cui il conflitto che è alla base della separazione stessa riaffiorerà violentemente ed è quasi certo un rimpallarsi di colpe, di responsabilità, di mancate attenzioni e dedizioni, o di eccesso delle stesse. Il risultato può essere quello che si dovrebbe evitare: il confronto con il figlio che si trasforma in un attacco all'altro coniuge. È frequente che vi sia un'accusa violenta, per cui il ricorso alle sostanze altro non è se non il segnale della sofferenza del figlio per la separazione voluta da uno dei coniugi. Non si può escludere che sia così o che questa sia una parte della motivazione; solo che il momento non è quello più adatto per scontrarsi su questo genere di interpretazioni. Non è, in assoluto, per niente negativo che ognuno parli per proprio conto al figlio; ma è indispensabile evitare di gettare le colpe sull'altro e tentare di concordare il più possibile le soluzioni e le proposte.

8. *Non vi impantanate in discussioni morali o scientifiche*

Se vostro figlio ha appena iniziato un certo consumo di sostanze stupefacenti o, anche, se è da un certo tempo che vi fa ricorso, sarà tentato di rispondere che il problema semplicemente non esiste. Che ci sono in giro una serie di informazioni non attendibili sui rischi e sui danni; che la persona (lui o lei) è perfettamente in grado di controllarne l'uso. O che la responsabilità è della legge che proibisce il commercio e l'uso, lasciando illecito ciò che potrebbe essere perfettamente lecito e legale. Se si prende la strada di una discussione teorica, astratta, sociologica, scientifica, si corre il rischio di non uscirne più. Non controbattete le idee e le convinzioni di vostro figlio mostrandogli testi, articoli, riviste, video, pareri. Il problema non è chi ha ragione dal punto di vista morale o scientifico. Non siete lì per una disputa ad alto livello sui massimi sistemi. Date per scontato che avete idee e convinzioni differenti da quelle di vostro figlio. Cercate di capire la situazione, di vedere se è disponibile al confronto, fategli capire che sapete e che volete parlarne apertamente, che siete preoccupati. Ma non disperati e disposti a tutto pur di farlo smettere subito.

9. *Non provate vergogna, non isolatevi*

È possibile che, oltre alla rabbia, alla delusione, alle incertezze, alla ricerca di un colpevole, la scoperta che vostro figlio consuma droghe sia fonte di grande vergogna per voi. Temete il giudizio di amici, vicini e parenti. Avete timore che vi considerino una famiglia malata, rovinata, cattivi genitori, adulti falliti. Questi sentimenti vi renderanno difficili molti passi utili e importanti. Non sarà facile cercare aiuto, sia professionale, sia umano. Contrastate queste emozioni: dal momento che avete bisogno di supporto e consigli, a che può servire nascondersi, inalberarsi in una posizione di orgoglio e di chiusura?

10. *Non è detto che sia un cammino già determinato, fino al peggior risultato finale*

Il fatto che, ormai, sapete che vostro figlio ha fatto uso o fa ancora uso di droghe non vuol dire che la situazione è drammatica, irreversibile, che siete di fronte alla peggiore delle tossicodipendenze. Un'accelerata al dramma non vi aiuta. Probabilmente, siete di fronte a un uso moderato, sporadico, non problematico. Avete tutto il tempo e le possibilità per fare qualcosa di positivo. Ma, avete anche la responsabilità di evitare qualcosa che peggiori la situazione; una di queste cose è vedere tutto nero e tutto già perduto. È poco produttivo affermare che il problema non esiste, ma bisogna sforzarsi di vederne i contorni, le caratteristiche, l'entità e gli attori protagonisti (tra cui, voi stessi).

Se siete chiamati dalla Polizia

Il possesso, il consumo, la cessione e il traffico di droghe illegali è punito dalla legge in vigore (troverete un capitolo che spiega questa parte del problema). Le forze dell'ordine effettuano controlli sulle persone, sui loro movimenti, sui loro comportamenti. Una volta che vostro figlio sia stato fermato in possesso di piccole quantità di sostanze stupefacenti, di norma, non dovrebbe essere arrestato e tradotto in carcere. Si provvede, invece, a una segnalazione alla Prefettura, che istruisce una pratica apposita, e si avvia una procedura amministrativa. Questa prevede che il soggetto venga convocato in Prefettura e, dopo un colloquio, venga comminato un ammonimento verbale. A seconda delle varie situazioni, l'ammonimento può essere accompagnato anche da sanzioni, quali il ritiro della patente di guida, del passaporto, fino ad arrivare all'obbligo di residenza nel territorio del Comune. Questo potrebbe essere un modo abbastanza traumatico per venire a conoscenza dei fatti: se intercettate una cartolina di convocazione da parte della Questura o della Prefettura. Nel caso di un soggetto minorenne, sono convocati in Prefettura i genitori, con lo scopo di informarli dell'accaduto (cioè, del fatto che la Polizia ha trovato vostro figlio in possesso di una qualche sostanza).

In questo caso, vale sempre la pena di gestire in un modo ragionevole e non scomposto la convocazione del Prefetto, di giungere al colloquio ascoltando quello che gli operatori (in genere, assistenti sociali) vi vorranno dire, di rispondere in modo collaborativo alle domande che vi porranno, di mostrare che avete ben compreso ciò che è successo e avete intenzione di essere attivi e propositivi. Normalmente, non c'è bisogno dell'assistenza di un legale.

I test

Negli ultimi tempi si è sempre più fatta strada la popolarità di test che, in forme differenti, possono far scoprire un consumo di sostanze stupefacenti. Si trovano in farmacia e li potete trovare su Internet con grande facilità. Qualcuno ne ha proposto un uso diffuso e capillare, arrivando a definirli “kit antidroga”.

Ma che imbroglio è questo?

I test, al massimo e con gradi di approssimazione differenti, possono provare un uso di una certa droga, assieme a un dato molto generale e poco preciso sulle quantità assunte. Nulla possono dire sulle motivazioni, sulle condizioni che accompagnano, sui tempi di assunzione. Assolutamente nulla possono suggerire sulle soluzioni da adottare.

Allora, se questi kit si limitano a segnalare un possibile consumo (come tutti i test, sono sempre possibili errori, falsi positivi, risposte non attendibili) e non danno la soluzione, che capacità “antidroga” contengono? Una volta avuta la risposta vi toccherà, comunque, cercare una soluzione, nel caso di un test positivo. Con un piccolo, non insignificante particolare: avendo imposto il test a vostro figlio (se ammette direttamente, non ce ne sarebbe stato bisogno, è evidente), e probabilmente in un clima di tensione e di contrasto massimi, avete di fronte un figlio che si sente totalmente privo della vostra comprensione, che pensa che voi non avete la benché minima fiducia in lui, che si sente costretto. È vero, il mestiere di genitore può comprendere anche situazioni di scontro come questa. Ma, nel caso del consumo di droghe, voi avete bisogno di coinvolgere vostro figlio nella ricerca e nel consenso su una o più soluzioni successive all’accertamento dell’uso. Quasi sicuramente, nelle condizioni implicite nell’imposizione del test, non l’avrete. Anzi, quello che otterrete è un sordo, ostinato silenzio, una lontananza ostile, una mancanza totale di collaborazione nella ricerca di soluzioni.

Ricordiamo che molte ditte hanno messo a punto anche prodotti che non necessitano del consenso del soggetto. Basta prendere di nascosto un piccolo campione di urina, una traccia di sudore, una piccola porzione di saliva, un capello e si può effettuare la prova, ma poi? Nel caso in cui troviate una risposta positiva, che definisca un uso recente, che fate? Sicuramente la faccenda sarà più complicata: è certo che vostro figlio, oltre a un atteggiamento sospettoso e poco collaborativo, vi dirà che avete tradito la sua fiducia, che lo avete imbrogliato. A poco potranno valere le vostre ragioni, che lo avete fatto per sapere qualcosa di importante e di preoccupante che lo riguarda. Avrete un problema in più.

I "kit antidroga" servono solo a giungere a una "verità" inutile e controproducente. Servono solo a voi (il figlio non ne ha bisogno, in quanto è perfettamente al corrente del suo consumo di droghe) e vi mettono successivamente in difficoltà estrema. Appartengono all'insieme di semplificazioni e di scorciatoie inutili e dannose.

Lasciamoli pubblicizzare alle case produttrici o a qualche politico alla ricerca di facile e temporaneo consenso.

È utile, comunque, dare un'idea generale della varietà e dell'attendibilità dei test. Tutti quelli disponibili si basano sul fatto che le sostanze assunte permangono nell'organismo per tempi variabili a seconda della droga stessa e del funzionamento dei vari organi del corpo umano. Dopo un certo periodo di tempo, l'organismo metabolizza ed espelle le sostanze, o meglio, le loro tracce. Quindi, a seconda del test, i risultati possono essere più o meno attendibili e riferibili a tempi diversi antecedenti alla prova.

Test delle urine

Si effettua su un campione di urina e può indicare un consumo recente di cannabis, di oppioidi, di cocaina, di amfetamine e di altre sostanze. È disponibile, oltre che presso i servizi sanitari, anche in molti laboratori di analisi. Recentemente, vi sono in commercio anche test rapidi "casalinghi", che si presentano come degli stick che devono essere posti a contatto con l'urina e che cambiano colore a seconda delle sostanze che trovano. La loro attendibilità è relativa a periodi che vanno dai tre-quattro giorni per la cocaina fino agli otto-dieci per la cannabis. Ci sono anche strip che misurano la presenza di tracce di più sostanze alla volta.

Test della saliva

Funziona, in linea generale, come lo stick per l'urina: basta mettere un po' di saliva sulla striscia e questa cambia di colore a seconda delle sostanze che trova. È considerato una prova molto poco affidabile.

Test del sudore

Assolutamente simile al test della saliva. Anche questo è considerato di scarsissima attendibilità e sicurezza.

Test del sangue

È possibile cercare e trovare tracce di sostanze stupefacenti nel sangue. Il test è attendibile e richiede, oltre all'ovvio consenso del soggetto, anche il prelievo da effettuarsi da parte di un medico presso un servizio sanitario o un laboratorio di analisi. Le sostanze che possono essere cercate sono quasi tutte quelle già citate. La permanenza nel sangue delle tracce delle sostanze è varia e simile alla permanenza nelle urine. Dall'analisi del sangue si possono identificare anche eventuali complicanze infettive legate all'assunzione di alcune droghe, specialmente quelle che vengono iniettate (HIV, AIDS, epatiti e varie). Si sta parlando, è chiaro, di conseguenze tendenzialmente legate al consumo e all'abuso prolungati nel tempo.

Test del capello

È quello considerato più attendibile ed efficace. È detto anche test tricologico perché può essere effettuato anche su peli di altre parti del corpo. Dimostra l'uso di sostanze dopo un minimo di quarantott'ore dall'ultima assunzione. Si basa sul fatto che il capello, crescendo, accumula in maniera percettibile i risultati della metabolizzazione delle droghe nel corpo. Si può risalire indietro nel tempo, fino alla nascita del capello esaminato. Per esempio, con un capello o un pelo lungo 10 centimetri si riesce a controllare un'eventuale assunzione di sostanze fino a venti mesi prima. L'esame riesce a eliminare in maniera sostanziale eventuali interferenze derivate dall'uso contemporaneo di farmaci e medicinali e di permanenza in ambienti in cui si usano (si fumano, per esempio) droghe. Il capello può essere prelevato anche senza il suo bulbo. Ovviamente, più vicino alla radice viene tagliato, meglio è. Potendo sottoporre ad analisi anche capelli e peli persi naturalmente (non prelevati appositamente) su cuscini, pettini, spazzole, il test si presta a un controllo senza il consenso del soggetto. E, quindi, valgono tutti i dubbi relativi alla gestione dell'informazione ottenuta in questa maniera.

Probabilmente, state pensando che tutto quello che avete letto complichi tremendamente le cose, che ora sia tutto più difficile, che sarebbe meglio prendere una via più dritta, più immediata. Come quando vostro figlio era un bambino, magari ancora gattonava: quando si avvicinava a una presa di corrente vi siete precipitati e lo avete semplicemente allontanato, con un gesto deciso e affettuoso. Non importava se piangeva o metteva il muso.

Il problema che avete di fronte, invece, non si presta a gesti affettuosi e decisi: vostro figlio è cresciuto, vuole giustamente sperimentare autonomia e distanza da voi. Pensa che riesce a decidere per sé, vuole farlo. Anche se gli ripeterete che occorre più esperienza di vita e che è utile e sacrosanto che voi vi preoccupiate per lui, usando la vostra maggiore competenza, è abbastanza probabile che non vi ascolterà. In presenza di fatti concreti, informazioni precise e affidabili, segnalazioni di rischi e pericoli concreti, è facile che vi troviate di fronte a rifiuti e diffidenze.

La fase di vita che stanno percorrendo gli adolescenti e i giovani adulti è caratterizzata da un'immensa presunzione, da un senso di onnipotenza quasi senza limiti. Non accettano quasi mai consigli o indicazioni. Le fonti di informazione e di indicazione non sono (più) gli adulti e i genitori: sono gli amici, il gruppo. Nel caso in cui foste riusciti a discutere con vostro figlio del tema delle droghe in generale o del loro consumo in particolare, è quasi sicuro che vi dirà che ci sono esagerazioni e troppi allarmi in giro. Che le sostanze non sono così pericolose come viene ripetuto. Che voi, come adulti, come persone che partono da "pregiudizi", come chi non ha mai provato, non siete informati, non sapete abbastanza, siete pieni di notizie false. E che lui è perfettamente in grado di controllare la situazione, di smettere quando vuole, di farne a meno con facilità. Qualche volta questo è vero, qualche volta no. Ma la sicurezza dell'affermazione è micidiale, assoluta e indiscutibile.

Siete di fronte a un problema che deve essere affrontato all'interno di quello che è un vero e proprio scontro tra generazioni; come in tutti questi momenti, il raggiungimento di un punto comune, anche di un compromesso, non è facile né scontato. I fatti, le evidenze, le informazioni, le cosiddette verità perdono la loro forza assoluta e relativa. Al centro, c'è un rapporto, delle relazioni in cambiamento, e il problema che state discutendo, la droga, fa parte di questo scontro tra due visioni del mondo molto differenti.

Armatevi di pazienza e di determinazione. Non pretendete di avere ragione, di convincere.

Sicuramente, come già detto, non basta un solo colloquio, uno scontro isolato. Non serve alzare i muri, più di quelli che probabilmente sono già alti. Datevi e date a vostro figlio il tempo di assorbire il confronto, di cominciare a vedere le cose da differenti punti di vista. Anche voi avete bisogno di cambiare la prospettiva, di elaborare dati, notizie, idee e posizioni nuove e diverse dalle vostre.

E, infine, non sentitevi i "salvatori" di vostro figlio. Una posizione così ultimativa non vi metterà nelle migliori condizioni. Lui non vuole essere salvato, vuole affermare le sue ragioni, vuole sentirsi sapiente e con l'esperienza sufficiente. La posizione di "salvatore", in queste condizioni, può essere intesa come insopportabile e rifiutata, semplicemente e crudamente.

Cosa fare dopo

Poniamo che siate di fronte alla scoperta del consumo (o dell'abuso) di una qualche droga da parte di vostro figlio.

Non è certo una condizione piacevole, ma ora viene un'altra fase: quella di vedere se c'è una soluzione per cambiare questa situazione o per migliorarla.

Soluzioni, terapie, interventi, trattamenti, farmaci, cure ve ne sono in abbondanza. E, in Italia, il sistema di rete dei centri pubblici e di privato sociale accreditato è uno dei più diffusi e capillari del mondo.

Il problema, quindi, non sta nell'assenza di risposte valide ed efficaci.

Sta, anzitutto, nel poter distinguere tra un consumo sporadico e uno più impegnativo, più problematico. Nel primo caso, non è detto che dobbiate girare le spalle, convincervi che il problema non esiste, prendere la cosa in maniera superficiale e leggera.

Nel caso di consumi "pesanti" e problematici, sta nel poter creare le condizioni migliori per un trattamento di successo e, soprattutto, nel dirigersi verso la soluzione più adeguata. La storia dei trattamenti delle dipendenze patologiche da sostanze dimostra che i soggetti sono passati per innumerevoli centri, programmi terapeutici, cliniche prima di trovare il percorso che ha permesso loro di stabilizzare il miglioramento e, casomai, raggiungere l'astinenza totale. Vi sono persone che hanno provato a smettere attraverso cure varie decine di volte e, spesso, ripetendo daccapo il percorso, come in un perverso gioco del Monopoli.

Le cure e le soluzioni disponibili si differenziano in maniera molto marcata a seconda di un'infinità di aspetti; alcuni di questi possono essere l'appropriatezza per un tipo specifico di dipendenza (da eroina, da cocaina eccetera); altri possono variare per l'approccio, per la durata, per l'intensità.

Purtroppo, le conoscenze scientifiche non ci mettono a disposizione strumenti sufficienti per capire quale sia la terapia più adeguata per quel soggetto, per quella determinata situazione.

Occorre, allora, procedere per gradi e seguendo alcune indicazioni ragionevoli.

Ma, prima di parlare di queste indicazioni e di offrire un breve e succinto panorama delle terapie a disposizione, è indispensabile sottolineare con grande chiarezza che il successo di una cura dipende in maniera pressoché totale dall'adesione del soggetto. Una persona che non è interessata a cercare di migliorare la propria situazione sia fisica, sia psicologica, tossicologica, sociale, legale, partecipa in una maniera talmente scarsa da rendere quasi del tutto inutile lo sforzo suo, dei suoi terapeuti, delle persone che ha intorno.

Sfortunatamente, l'uso e l'abuso di sostanze sono situazioni per le quali una semplice "esposizione" a fattori benefici, curativi di qualsiasi genere, anche farmacologici, non basta. E ciò vale maggiormente per quelle terapie che richiedono una partecipazione, una messa in discussione del soggetto in trattamento. Ma vale anche per i farmaci. È noto a qualcuno che una maniera molto in voga per tentare di ridurre il ricorso all'alcool degli alcolisti adulti e molto gravi era ed è quella di fargli assumere un potente farmaco antagonista. Gli effetti di questo farmaco sono tali che la successiva assunzione di alcool provoca tremendi dolori e una sensazione talmente spiacevole che all'alcolista non resta altro rimedio che quello di non bere. Per questo, moltissimi sanitari hanno istruito le mogli degli alcolisti a mettere di nascosto le giuste dosi di farmaco nella minestra o in altre bevande. Il paziente non si accorgeva di prenderlo, ma l'effetto era garantito. Una specie di costruzione di effetti negativi e insopportabili che impedivano il ricorso all'alcool. Ma il farmaco doveva essere fatto assumere con continuità; non appena si smette di prenderlo, ecco che spariscono le condizioni sfavorevoli e l'alcolista riprende a bere. Il tentativo di provare la versione "depot", cioè lo stesso farmaco a rilascio lento e graduale, necessita del consenso del paziente che deve sottoporsi a una somministrazione tramite iniezione. E il problema si ripropone: con tutte le ragioni del mondo contro chi non vuole sforzarsi a sottoporsi a una terapia, riesce nel suo intento. Pillole, compresse, gocce, fiale potranno anche contenere princìpi e sostanze benefiche e utili; potranno forse essere introdotte nell'individuo a forza o con l'inganno. Ma questo sarà possibile una, due, magari tre volte; dopo, occorre trovare la collaborazione della persona.

Il problema, quindi, non sta nella potenza di una soluzione; ma nella sua appropriatezza e nella motivazione del soggetto a intraprendere quel cammino.

Per arrivare a questo stadio, è indispensabile convincersi di averne bisogno. Se, invece, si pensa di non essere portatore di alcun problema rilevante, si è convinti che le sostanze assunte diano le risposte giuste ai problemi che si ha, si è sicuri che "il gioco non vale la candela" e che è molto meglio continuare con l'uso o con l'abuso, allora non si è pronti per un trattamento.

La cura in sé, quindi, non basta: e i genitori, la famiglia possono fare molto per costruire pian piano le condizioni giuste: soprattutto convincendo e non forzando. In molti casi, l'obbligo alla cura produce solo una partecipazione passiva o anche reattiva. Il risultato potrebbe anche essere una posizione del tipo: "Hai visto? Ci ho provato e non è servito a niente. Avevo ragione io e torto tu (o voi)."

Due autori americani, circa vent'anni fa, hanno messo a punto una specie di scala di situazioni, per cui si può identificare (anche con un test; ma questo è compito degli specialisti) il grado di motivazione, di consapevolezza dell'esistenza di un problema in relazione con l'assunzione di sostanze e metterlo in relazione con le cure possibili, la loro intensità e la loro probabilità di successo; più esattamente, con la motivazione al cambiamento, che è la base indispensabile per i trattamenti di qualsiasi genere.

Il modello prevede cinque fasi distinte:

Fase della *precontemplazione*: il soggetto non ha nessuna coscienza dell'esistenza del problema ed è impermeabile al bisogno di cambiare e di intraprendere una cura.

Fase della *contemplazione*: il soggetto individua confusamente l'esistenza di un problema che lo riguarda, ma non riesce a mettere a fuoco l'importanza di un trattamento, di un tentativo di cambiare le cose.

Fase della *preparazione*, in cui il soggetto ha messo definitivamente a fuoco l'esistenza dei problemi che ha con le sostanze e ricerca con una certa insistenza una via d'uscita.

Fase dell'*azione*: è la fase della cura vera e propria, caratterizzata da una partecipazione del soggetto. La partecipazione può anche non essere stabile e duratura e passare, invece, per stadi diversi e diversamente definiti in termini di coscienza e di desiderio di cambiamento.

Fase del *mantenimento*: il soggetto, una volta ottenuti i risultati della fase precedente e della cura, è attivo per evitare le ricadute e i ritorni all'indietro.

Tutti i trattamenti e gli interventi disponibili per l'abuso di sostanze sono adeguati solo per alcune fasi e non per altre.

Come già detto, le terapie disponibili sono moltissime e si differenziano per molti aspetti basilari. Uno di questi aspetti è quello legato alle premesse teoriche su cui si basano; vi sono trattamenti basati sull'idea che la tossicodipendenza è una "malattia cronica e recidivante". Questo concetto può spaventare: si parla di cronicità, di inevitabilità della ricaduta, prima o poi. E, poi, c'è il concetto di malattia, che richiama quelle situazioni senza speranza, in cui il soggetto è destinato a convivere con uno stato patologico. Ma, lo ricordiamo, stiamo parlando di tossicodipendenza, di una situazione per certi versi estrema rispetto ad altre in cui si rileva praticamente solo un consumo. Altre teorie alla base dei trattamenti ipotizzano un'origine addirittura genetica che porterebbe al consumo e al consumo problematico. Altre ancora insistono su una serie di cause: psicologiche e sociali soprattutto. Infine, vi sono teorie che spiegano il ricorso alle droghe come una specie di "errore educativo"; non sono solo in gioco i genitori e l'ambiente, ma anche le caratteristiche del soggetto, che sembra carente di valori, di capacità di giudizio e di strumenti per cavarsela con le emozioni.

Se le terapie non sono tutte uguali, come trovare quella migliore?

Proviamo a dare alcune indicazioni schematiche.

1. *Cercate la soluzione assieme a vostro figlio*

Ritorniamo con insistenza su questo concetto: la soluzione va cercata e trovata assieme. Anche se vi foste imbattuti nel trattamento migliore del mondo, il rifiuto del diretto interessato è sufficiente per non far partire nemmeno il tentativo. Può essere che vostro figlio non sia interessato per nulla, o non sia pronto ancora. Insistere con forza non servirà a nulla, se non a creare ancora tensione, scontri, e ad allontanarvi reciprocamente.

2. *Cercate la terapia più adeguata, non la prima che trovate*

Come è stato già detto, vi sono molti tipi di cure e la maggior parte non sono utili per tutte le situazioni. Ci sono terapie solo farmacologiche, terapie solo psicologiche, trattamenti residenziali che richiedono una sorta di isolamento per tempi anche piuttosto lunghi. Ogni trattamento ha i suoi obiettivi, le sue mete da raggiungere. È indispensabile cercare con attenzione quell'approccio che meglio risponde alle esigenze della situazione specifica da affrontare.

3. *Dedicate il giusto tempo all'analisi della situazione specifica*

Proprio per cercare la combinazione più adatta, è necessario studiare con la maggiore competenza possibile tutti gli elementi del problema. Se siete arrivati a questo punto, siete in vantaggio perché avete raggiunto con vostro figlio un accordo generale sul "fare qualcosa". Non affrettatevi, cercate aiuto professionale, assicuratevi che il problema sia esplorato approfonditamente prima di indicare a vostro figlio una soluzione terapeutica.

4. *Cercate il trattamento che abbia la giusta intensità*

I trattamenti si differenziano anche per la loro intensità. Anche per le malattie fisiche esistono interventi che sono più impegnativi e altri che lo sono molto meno. Se si tratta solo di un consumo di cannabis, magari sporadico e iniziato da poco, perché pretendere di avviare vostro figlio al trattamento più "pesante"? La diffusione delle conoscenze di base sulle malattie e sulle medicine ha fatto capire a tutti che non è necessario ricorrere all'antibiotico al primo accenno di febbre. Anzi, ci hanno spiegato che ci sono una grande quantità di controindicazioni: si diventa insensibili a quell'antibiotico, si potrebbe "coprire" qualche segnale importante per individuare una cura più adatta. Non è mai sensato sparare con un cannone a un moschino. È meglio andare con gradualità e, soprattutto, definire e far definire bene la situazione e le sue prospettive, prima di decidere e partire.

5. *Rivolgetevi a strutture pubbliche oppure accreditate*

La rete dei servizi pubblici in Italia è, come già affermato, molto vasta. Ogni ASL ha uno o più servizi specialistici; lì troverete personale preparato che vi saprà consigliare per il meglio. Oppure, rivolgetevi alle strutture del privato sociale accreditato; anch'esse sono molto numerose e non è difficile trovare quella o quelle vicine a voi. Diffidate di chi vi offre la soluzione con molta insistenza e con troppa facilità: un'organizzazione seria non lo farebbe mai. In genere, questi tipi di trattamento non sono validi e credibili se si offrono con grande evidenza sulla stampa o su Internet. Non credete a chi vi dice di essere in grado di "garantire la soluzione" al problema delle droghe. Le cure nei servizi pubblici o in quelli in convenzione sono gratuite: allontanatevi da chi vi chiede soldi.

6. *Rivolgetevi a professionisti con esperienza*

Può essere che non ve la sentiate (voi, o vostro figlio) di rivolgervi a strutture pubbliche o a comunità terapeutiche. Può darsi che non siate pronti, che pensiate che tutto diventerebbe troppo visibile (la privacy, invece, è garantita molto attentamente). Oppure, che riteniate che il problema sia ancora abbastanza limitato e sia necessario solo un lavoro non enormemente impegnativo. Potete avere molte altre ragioni per rivolgervi a qualche professionista privato. Per esempio potete, giustamente, voler ottenere un inquadramento del problema e buoni consigli iniziali. In questo caso, rivolgetevi a professionisti che possono vantare una certa competenza specifica. Chiedete apertamente se quelli che pensate siano buoni terapeuti sono abbastanza esperti. Magari, potreste seguire il consiglio di qualcuno che ha avuto gli stessi problemi. Anche se le situazioni sono differenti l'una dall'altra e non è detto che quello che è andato bene (o male) per uno vada male (o bene) per voi, può essere un buon punto di partenza.

7. *Non attendetevi miracoli*

Correggere comportamenti, affrontare i problemi legati all'abuso, far crescere la motivazione al cambiamento, non sono percorsi facili. Se è evidente e comprensibile il vostro desiderio di vedere sparire magicamente tutte le difficoltà in un attimo, questo è poco realistico e vi trovereste rapiamente di fronte a delusioni abbastanza cocenti. Non aspettatevi miracoli, salvazioni, guarigioni magiche e totali. Abbiate fiducia e pazienza. Intanto, un certo percorso è iniziato e, se avete impegnato sufficienti energie per cercare la soluzione adeguata, piano piano i risultati arriveranno. Può anche essere che il trattamento passi per fasi di miglioramento, seguite da fasi di apparenti o reali peggioramenti. Non vi sconfortate, non vi agitate troppo. Per sapere qualcosa di più sull'evoluzione del trattamento, potete sempre rivolgervi a vostro figlio o ai professionisti che stanno seguendo il caso.

8. *Calibrate la vostra partecipazione a seconda dell'intervento, non "invadete" la terapia di vostro figlio*

Ogni trattamento può prevedere o meno la vostra partecipazione. Può essere che siate chiamati a farvi da parte. È dura, ma cercate di farlo con un po' di ottimismo. Siate collaborativi. È molto rischioso mettersi in mezzo senza essere richiesti. Si interferisce pesantemente e in modo non positivo con il processo terapeutico. Potete rischiare, con le migliori intenzioni, di rendere difficile qualche passaggio delicato. Abbiate fiducia nel percorso, in vostro figlio e nei suoi terapeuti. Altro è il caso in cui sospettate che vostro figlio non vada a colloqui, a incontri e gruppi. Dovete essere certi che questo accada; allora, potete chiedere spiegazioni sia a vostro figlio, sia agli operatori che lo hanno in carico. Non siate ansiosi perché "non si stanno raggiungendo gli effetti voluti"; magari, sono voluti solo da voi e questo non è il progetto che vostro figlio sta costruendo. Oppure, come già detto, ci vuole più tempo.

9. *Se è richiesto il vostro coinvolgimento, non temete*

Se vi chiedono di partecipare a parte del trattamento, anche con regolarità, rendetevi disponibili. Non si tratta mai (nelle terapie serie) di cercare i colpevoli. O addirittura, di organizzare per voi una sorta di tribunale, con la sentenza già scritta, contro di voi. Si sta, sicuramente, cercando la vostra collaborazione per aiutare vostro figlio. Oppure, si sta cercando di migliorare il clima e le relazioni nella famiglia, cosa di cui potrete beneficiare direttamente anche voi. Oppure, ancora, si può volere il vostro aiuto per tentare di capire quali sono stati gli snodi critici dell'evoluzione della vostra famiglia che possono aver coinvolto in maniera negativa vostro figlio. Ma, siatene certi, nemmeno in questo caso con intenti giudicanti o punitivi verso i genitori e i familiari. Sia la ricerca di un equilibrio familiare migliore, sia la ricerca delle condizioni di crescita e sviluppo della vostra famiglia saranno, certamente, marcate da fatiche e da qualche sofferenza: rimettere in discussione una storia non è mai troppo semplice. Ma cercate di collaborare. I professionisti del settore non fanno mai qualcosa di così delicato senza una ragione importante. L'essenziale è che vi siate affidati alle persone giuste.

10. *Migliorare è meglio della tentazione della guarigione e della salvazione*

L'abuso di sostanze è, in sé, un problema abbastanza delicato e difficile. Lo è ancora di più se vi sono certe condizioni che precedono l'abuso stesso e certe altre che lo seguono, le conseguenze del problema. Termini come "salvazione" o "guarigione totale" mettono senz'altro fuori pista i genitori. Non si tratta di "salvare un peccatore", non è un problema di valori, di morale. Si tratta di capire un adolescente, un giovane, i suoi comportamenti, la sua storia, le sue difficoltà, il suo percorso accidentato. Un trattamento serio non ha come obiettivo quello di salvare vostro figlio. Una terapia accreditata ha le sue basi scientifiche e può anche essere valutata nei suoi risultati. Un approccio basato sull'etica e sulla morale, no. Le cure, quando sono credibili, sono in grado di migliorare una certa situazione. Magari, il miglioramento può essere quasi totale. Ma, ricordatevi, nessuno può prendervi in giro dicendo che vi restituirà vostro figlio "come era prima". Questo vale anche per voi: vostro figlio è della sua vita, non è di vostra proprietà. Potete aiutarlo, sorreggerlo, influenzarlo (fino a un certo punto), parlarci, discuterci. Ma non potete definire al suo posto il suo destino. Questo spetta solo a lui. E sarà vostro figlio a decidere, con maggiore o minore convinzione, il tentativo di cambiamento. Quindi, evitate di desiderare cose improprie al posto suo.

È arrivato il momento di descrivere sommariamente i trattamenti più conosciuti.

Lo faremo dividendoli in tre grandi gruppi: trattamenti farmacologici; trattamenti residenziali e semiresidenziali; trattamenti psicosociali.

I trattamenti farmacologici sono terapie che si basano su princìpi differenti, tra i quali possiamo distinguere: 1) i trattamenti sostitutivi; 2) i trattamenti antagonisti; 3)i trattamenti sintomatici.

I primi, quelli sostitutivi, sono specifici e consigliati in caso di dipendenze serie da oppiacei, da eroina essenzialmente. Funzionano come l'eroina (di fatto, il metadone è un oppiaceo anch'esso), andando a "coprire" i recettori specifici ed evitando che il soggetto abbia bisogno e desiderio di consumare eroina. La differenza tra metadone ed eroina consiste nel fatto che il secondo non provoca assuefazione (bisogno di aumentare le dosi) e che la sua assunzione è stabilita da medici esperti. Ovviamente, non dà la garanzia che il soggetto non consumi, contemporaneamente, eroina. Per questo, la tendenza corretta è quella di stabilire la dose adeguata al singolo soggetto e al suo sistema di recettori. Il metadone ha anche il vantaggio di poter essere "scalato"; cioè, si può diminuire con accortezza e gradualmente la dose, anche fino a zero. E la sua assunzione permette di svolgere una vita regolare e completa. Il suo uso necessita di assunzioni giornaliere; trattandosi di farmaci stupefacenti, il trattamento deve essere prescritto e seguito direttamente da un medico, come anche gli altri trattamenti. I trattamenti sostitutivi sono reperibili in farmacia, tramite la presentazione di ricette speciali, oppure sono distribuiti dai sanitari del servizio pubblico. Quando è difficile presentarsi ogni giorno, a orari definiti, al servizio pubblico, vi sono soluzioni per cui, costruendo attentamente determinate garanzie, si "affida" un certo numero di dosi al paziente, per la sua gestione giornaliera. Abbastanza frequentemente, si valuta indispensabile un trattamento molto prolungato nel tempo.

I trattamenti antagonisti funzionano come il farmaco per alcolisti già citato. Con una differenza molto rilevante, tuttavia: i loro effetti non provocano sensazioni sgradevoli all'assunzione di eroina, ma si limitano a non far provare al soggetto in cura le sensazioni cercate nella droga. Quindi, a "raffreddare" l'interesse per la sostanza. Questi farmaci hanno avuto un successo limitato, sia perché, una volta conosciuto il meccanismo di funzionamento, il tossicodipendente tende a evitarli, sia perché occorre una fase anche lunga di iniziazione.

Vi sono, poi, disponibili alcuni farmaci nuovi le cui caratteristiche sommano la forza del sostitutivo con quella dell'antagonista. Sono usati già da molti anni (è il caso della buprenorfina), necessitano di controllo medico molto stretto e di una fase iniziale di preparazione abbastanza lunga.

I trattamenti sintomatici, come dice il loro nome, hanno l'obiettivo di ridurre le conseguenze sintomatiche dell'uso o dell'abuso. Possono essere psicofarmaci, per cui hanno lo scopo di evitare stati d'animo depressivi, sbalzi nel tono dell'umore, sensazioni sgradevoli che accompagnano, precedono o seguono l'uso e l'abuso di droghe illegali. Oppure, possono essere farmaci che riducono le conseguenze dello stato di astinenza: crampi, dolori muscolari, gastrici o intestinali.

Negli ultimi tempi si è fatto un gran parlare di vaccini, i quali garantirebbero che il soggetto che si sottopone alla cura riuscirà a non rivolgersi alle droghe. Questi vaccini miracolosi sono stati annunciati per la cocaina; a parte il fatto che la sperimentazione scientifica è stata appena avviata, tutti gli esperti sono d'accordo che la via non si presenta praticabile a causa delle numerose eccezioni che questa soluzione presenterebbe. L'idea del vaccino è un esempio tipico di come si possono offrire indicazioni che, nella realtà, non esistono: è una soluzione apparentemente molto semplice (un'assunzione di farmaco e si sarebbe coperti per tutta la vita, come la maggioranza dei vaccini garantisce); è stata molto pubblicizzata (come al solito, solo per alcuni giorni); non si è spiegato, ad esempio, che non rappresenterebbe una risposta per chi il problema dell'abuso di cocaina già ce l'ha; il vaccino non si presenta con caratteristiche tali da permettere un uso profilattico "di massa".

È utile ripetere che il percorso di uscita da una dipendenza da sostanze non è affatto così semplice come vorrebbe far credere chi ha presentato con tanta enfasi il vaccino. Anche per le cure farmacologiche, si tratta di interventi piuttosto lunghi, che non garantiscono miracoli e che devono essere accompagnati da altre terapie.

Un elemento di grandissima importanza è quello relativo al controllo medico. La cura farmacologica non solo deve essere prescritta da un medico, ma deve essere seguita con attenzione e continuità. Un trattamento può anche essere prolungato, ma deve essere continuamente attualizzato rispetto alle condizioni del paziente. Occorre diffidare dei trattamenti farmacologici che restano immutati per troppo tempo.

I trattamenti residenziali e semiresidenziali più noti sono le comunità terapeutiche (CT). Nate verso i primi anni settanta dall'esigenza di coprire una certa lentezza degli altri trattamenti a specializzarsi per affrontare l'emergente fenomeno degli usi e degli abusi di sostanze stupefacenti, hanno fatto inizialmente riferimento ai modelli statunitensi. A loro volta, l'ispirazione per le comunità terapeutiche americane era venuta, parzialmente, dagli approcci terapeutici sperimentati con successo con i malati psichiatrici e, ancora prima, con i minori in difficoltà.

Si basano su concetti semplici ed efficaci:

a) innanzitutto, si tratta di un modello di intervento residenzia-

le. A seconda del programma, della situazione specifica della struttura e della sua organizzazione, il soggetto vive in comunità ventiquattr'ore al giorno, sette giorni alla settimana, per diversi mesi. Inizialmente, la maggioranza dei programmi di CT duravano anche più di tre anni. La vita in CT permette all'ospite di allontanarsi da un contesto rischioso e di impegnarsi intensamente nella revisione della sua vita, delle sue abitudini, delle sue idee; a partire dalla seconda fase di trattamento, sono previsti ritorni a casa per qualche fine settimana. Si testa, così, anche la reazione al contesto abituale di vita e alla convivenza con la famiglia, che resta rigorosamente esclusa dalla prima fase e dai contatti con l'ospite;
b) è un modello fortemente basato sull'aiuto mutuo e solidale. Pur se, attualmente, si tende a differenziare in maniera chiara gli operatori dagli ospiti (cosa che era meno evidente nella prima fase di queste esperienze), ogni componente del gruppo ha una responsabilità verso gli altri: lealtà, chiarezza di rapporti, sincerità, apertura sono esigenze indispensabili;
c) infine, è un modello di trattamento che può includere strumenti diversi: colloqui individuali, familiari, sedute di gruppo, responsabilità crescenti nella vita della collettività, un forte sistema di scambio comunicativo circolare.

Le CT si sono evolute moltissimo dalla loro nascita: hanno sperimentato programmi di durata differente (in genere, più corta; la maggioranza dei programmi attuali durano dai dodici ai diciotto mesi e anche meno), hanno introdotto un numero sempre crescente di operatori professionali (al posto dei volontari o degli ex tossicodipendenti che restavano in comunità come operatori), hanno introdotto nuovi strumenti, hanno abbandonato la proibizione assoluta di usare farmaci durante il periodo residenziale (attualmente, un buon numero di CT si basano sull'effetto combinato della residenzialità e della prescrizione e assunzione di farmaci, incluso il metadone), hanno abbandonato un approccio intransigente a proposito delle regole interne e del fatto che bastava una sola mancanza per essere espulsi, si sono aperte moltissimo alla collaborazione con i centri di trattamento ambulatoriali. Resta sempre un percorso molto impegnativo, che richiede all'ingresso in comunità l'astinenza dall'uso di droghe per periodi variabili precedenti l'ingresso, l'accettazione di una serie di norme specifiche, chiare e definite che riguardano i comportamenti da tenere all'interno (l'impegno a non usare e non portare droghe, a non fare uso di violenza, a rispettare le usanze della collettività).

L'obiettivo del trattamento residenziale è, precipuamente, quello di occuparsi non della sostanza e delle sue conseguenze, ma della persona e della sua struttura psicologica e sociale.

In genere, all'uscita favorevole dalla CT, il soggetto è invitato a impegnarsi a lavorare ancora per consolidare il suo percorso e per migliorare il suo inserimento nella società, per quanto riguarda i percorsi scolastici o lavorativi

Una variante del percorso di CT è quello semiresidenziale: si tratta di una permanenza del soggetto in strutture organizzate per l'intera giornata, con il ritorno in famiglia per il pernottamento e per il fine settimana. Le attività terapeutiche assomigliano molto a quelle di una CT: colloqui, gruppi, attività formative e di gestione del tempo. Questi centri, detti anche centri diurni, coinvolgono ovviamente moltissimo e fin dall'inizio la famiglia.

Con la dizione "trattamenti psicosociali" si fa riferimento a una serie abbastanza varia di approcci. Quelli più marcatamente sociali sono tutti gli interventi che offrono la possibilità di una modificazione delle condizioni sociali del soggetto: lavoro, scuola, tempo libero, alloggio. Sono modelli di intervento che risultano decisivi per alcuni soggetti che, accanto ai problemi pesanti di abuso di sostanze o a causa di essi, hanno perduto la possibilità di un percorso sociale "normalizzato" e si trovano emarginati, senza risorse.

Un altro aspetto di questo gruppo di terapie sono le psicoterapie o gli accompagnamenti relazionali.

Molti approcci psicoterapeutici si sono specializzati nel trattamento dei problemi di droga correlati. Già si è fatto riferimento alla terapia di gruppo e alle sue versioni, come uno strumento immensamente utile nelle CT e nei centri diurni.

Vi sono, poi, le psicoterapie individuali di tipo cognitivo-comportamentale, che vantano evidenti successi con i consumatori di cocaina, ma non solo. Molte psicoterapie individuali a orientamento psicoanalitico sono ottime alternative.

Vi sono infine le terapie familiari: partendo dall'idea di coinvolgere tutta la famiglia nello sforzo di cambiamento, hanno notevole impatto e risultati accertati.

Ovviamente, nessuna di queste forme di trattamento riesce a garantire un successo pieno, specie quando è applicata da sola, senza poter (o voler) fare conto sui vantaggi delle altre. Come già detto, un trattamento farmacologico può garantire la copertura di certi bisogni, esige la piena partecipazione del soggetto, non risponde direttamente ai bisogni psicologici e sociali. La CT e i centri diurni possono essere messi in campo solo quando il soggetto è ben convinto di intraprendere un percorso piuttosto difficile e riesce a superare le prime, dure settimane. Le psicoterapie si occupano della parte psicologica e sono, in genere, a cadenza settimanale, lasciano scoperti tempi molto lunghi, hanno bisogno di un impegno introspettivo e abbastanza lungo. Più di recente, si è fatta strada la convinzione che i successi sono maggiori, più stabili, se i trattamenti sono integrati. Mescolando le potenzialità dell'uno con quelle dell'altro, si ottengono più progressi. Ovviamente, oltre alla disponibilità dei soggetti, è necessario fare affidamento sulle competenze di operatori e strutture adeguate, aperte e in grado di collaborare strettamente tra di loro. Solo personale preparato e strutture idonee possono garantire un buon trattamento integrato.

Diffidate altamente delle strutture che sono organizzate in sette o gruppi troppo chiusi. Tenete lontani quelli che vi fermano per strada per chiedervi improbabili "firme contro la droga", che vi promettono miracoli, che vi chiedono soldi.

Ogni Regione ammette a uno speciale Albo le strutture e le organizzazioni che rispettano determinati criteri di base e condivisi: potete cercare in quel gruppo. Anche se è d'obbligo che la diagnosi e la definizione del piano terapeutico siano effettate dai SerT.

Se volete due indicazioni aggiuntive per scegliere una struttura dedicata alle dipendenze (se di questo si tratta; lo ripetiamo, non sono tutte dipendenze patologiche), possono essere le seguenti:

1) La struttura deve essere pubblica o deve comparire negli elenchi dedicati a livello regionale. Ogni ufficio regionale è in grado di fornirvi l'elenco dei centri autorizzati al funzionamento, accreditati e convenzionati.

2) La struttura funziona tanto meglio quanto più funziona in rete. I dubbi vengono quando vi trovate di fronte a organizzazioni che parlano male delle altre, che non lavorano in sinergia.

Infine, è altamente probabile che non abbiate bisogno (o, almeno, non immediatamente) di motivare vostro figlio a un trattamento. Potrebbe essere ampiamente sufficiente un percorso consistente in qualche colloquio chiarificatore e in un supporto a voi per sostenere il dialogo con vostro figlio in una fase così delicata.

Oltre a ottimi professionisti nei servizi pubblici, del privato sociale e privati, ci sono diversi centri che vi possono dare una mano: consultori, consultori per i giovani, strutture sanitarie, centri di assistenza sociale. È facile trovare indicazioni e sostegno.

Abbiate coraggio e non vergognatevi: anche un dubbio è meritevole di approfondimento.

Cenni sulla normativa vigente

Una delle preoccupazioni più ricorrenti a proposito di figli e di droghe riguarda le conseguenze legali di un uso di sostanze.

La caratteristica di illegalità di alcune delle sostanze rende minacciosa la prospettiva di un fermo di polizia, di un arresto.

Quali sono le norme che regolano tutto il settore?

La legge principale è nota come Testo Unico N. 309/90 ed è un provvedimento molto complesso che contiene più di 130 articoli. È stato parzialmente modificato dai risultati del referendum del 1993 e dalla cosiddetta legge Fini-Giovanardi del 2006. Contiene norme sulle competenze dello Stato e delle Regioni, sulla lotta al narcotraffico, sulle conseguenze penali dell'uso, possesso, cessione, spaccio, traffico di sostanze stupefacenti, sugli usi legali delle stesse sostanze, sulle procedure per la ricettazione medicalmente assistita di sostanze, sulle caratteristiche generali del sistema degli interventi per le dipendenze patologiche e, ancora, su molti altri aspetti.

Per quanto riguarda le conseguenze del possesso e dell'uso, le norme introdotte recentemente hanno marcato differenze sostanziali.

Innanzitutto, nel tentativo di dare un messaggio "forte e dissuasivo", sono state drasticamente ridotte le differenze tra le sostanze, soprattutto introducendo in pratica l'uguaglianza tra la cannabis e l'eroina e la cocaina e le altre droghe. La conseguenza immediata è che ciò che è previsto come risposta repressiva non tiene conto delle distinzioni dei contesti d'uso, dei soggetti, delle differenze di rischio che esistono tra le droghe.

Poi, si è tentato di superare l'idea della cosiddetta "modica quantità", la soglia sopra alla quale si ipotizza un reato di spaccio. Fino all'approvazione della Fini-Giovanardi, questo limite era indicato in via generale ed era il giudice che stabiliva se la quantità sequestrata fosse adeguata per un uso personale, o se si dovesse optare per l'accusa di spaccio. Dopo due decenni di applicazione, le diverse sentenze avevano creato i presupposti per un sistema di giudizio abbastanza omogeneo. Ora, invece, la procedura si basa su una sorta di indicazione prestabilita delle dosi massime consentite per le diverse sostanze (attraverso un meccanismo macchinoso e lacunoso) e il magistrato deve rinunciare a prendere in considerazione eventuali situazioni personali o particolari. Ancora, il reato di cessione a terzi senza finalità di lucro viene assimilato a quello di spaccio; un esempio: se una persona cede a un'altra anche una piccola quantità di sostanza (non è importante quale: per la legge ora sono tutte uguali), può essere accusato di essere uno spacciatore. C'è da ricordare che questa semplice azione, quella di dare a qualcun altro una piccola quantità di droga, è molto comune; soprattutto tra i giovani. Una serie molto complessa di interazioni con altri provvedimenti e leggi, inoltre, ha inasprito molto le conseguenze dei reati collegati con le dipendenze; paradossalmente, le leggi che hanno reso più dure le misure per i consumatori sono le stesse che hanno permesso l'estinzione dei reati, delle pene e delle conseguenze per reati come la corruzione (ad esempio, la cosiddetta "ex Cirielli").

Ma è probabile che chi legge questo libro non abbia problemi di questo genere con i figli.

Al massimo, si può pensare che siano stati fermati dalle forze dell'ordine e che si inizi un provvedimento di tipo amministrativo e non penale.

Questo percorso è stato pensato per tentare di contrastare l'uso e il consumo di sostanze attraverso una sorta di "dissuasione" ufficiale in carico al Prefetto competente per territorio, al cui intervento si accennerà più avanti.

Con i nuovi articoli 13 e 14 del Testo Unico, introdotti con la novità contenuta nel decreto legge 272, si è avuta una delle principali novità della riforma della legge sulle droghe: la parificazione delle droghe leggere e pesanti. Finora le sostanze soggette a controllo erano ripartite in sei tabelle: nelle tabelle I e III erano comprese le droghe cosiddette "pesanti", in grado di produrre effetti sul sistema nervoso centrale, con dipendenza fisica e psichica; nelle tabelle II e IV erano elencate le droghe leggere per le quali i pericoli di dipendenza erano considerati di intensità e gravità minori; nelle tabelle V e VI erano inseriti i prodotti usati con finalità terapeutica, che, per il fatto di contenere talune sostanze stupefacenti di cui alle precedenti tabelle, potevano essere pericolosi per rischi di abuso e di dipendenza, in quanto era possibile un loro uso eccessivo e, soprattutto, non controllato.

Ora invece scompare la differenziazione tra droghe cosiddette leggere e droghe cosiddette pesanti, con ciò che si era appena accennato: la conseguente uguaglianza per quanto riguarda le sanzioni. In altre parole, tutte le sostanze vietate sono ricomprese nella tabella I, dall'oppio alle foglie di coca, dalla cannabis indica alle amfetamine.

Nella tabella II, invece, si trovano i medicinali regolarmente registrati in Italia contenenti sostanze stupefacenti e che, pur avendo proprietà curative, possono essere pericolosi: ad esempio i medicinali impiegati nella terapia del dolore. Per queste sostanze, le conseguenze in caso di possesso illecito (cioè non accompagnato da una prescrizione) prevedono ora una sostanziale assimilazione alle sostanze vietate di cui alla tabella I. Un altro elemento di novità della legge recentemente modificata è quello relativo all'articolo 73, con cui si volevano creare le premesse per differenziare il possesso di sostanze a fini di spaccio dal possesso a fini di consumo personale. Le forze dell'ordine dovrebbero avere strumenti adeguati per distinguere tra i due reati.

In pratica, da un lato viene ribadita (rispetto al testo precedente) la rilevanza penale dei comportamenti che si caratterizzano per la destinazione a terzi (spaccio), a prescindere dal quantitativo sequestrato, e dall'altro viene prevista la rilevanza penale delle condotte non destinate oggettivamente a terzi. Viene considerato reato a tutti gli effetti, quindi, non solo l'importazione, l'esportazione, l'acquisto, la ricezione ma anche la semplice detenzione. Vi sono differenze che si precisano nella quantità, nella presentazione (peso lordo o confezionamento frazionato) e in altre circostanze dell'azione. La legge comprende tutte le indicazioni e gli strumenti che Polizia e Magistratura possono utilizzare per capire se si è di fronte a un soggetto che possiede sostanze stupefacenti per proprio uso personale oppure se ci sono le condizioni per definire un possesso a fini di spaccio.

Il nuovo articolo 73 definisce la quantità massima di riferimento per ogni sostanza stupefacente che può essere definita per uso personale. Questa norma è stata seguita da un Decreto ministeriale (il Ministero interessato è quello della Salute) che, dietro le indicazioni di una commissione di esperti, ha specificato in maniera definitiva la materia, precisando che questa quantità massima ha a che fare con il peso lordo della sostanza sequestrata, con la percentuale di principio attivo in essa contenuto, con altri e più complessi parametri. È utile ricordare che precedentemente a questa modifica spettava al magistrato definire la cosiddetta "modica dose" per uso personale. In pratica, si è voluto fissare in maniera definitiva qualcosa che, invece, avrebbe sempre bisogno di essere messo in relazione con diversi elementi relativi al soggetto, alla sua storia, alle sue condizioni.

Se, per un qualsiasi motivo, un soggetto viene trovato in possesso di dosi anche di poco superiori a quelle fissate per legge e per tutti, il reato può divenire di rilevanza penale e la posizione dell'indagato diviene molto più grave. In questo caso, bisognerà presentare rigorosi elementi che giustifichino il superamento dei limiti soglia.

Se si resta al di sotto della soglia definita dalla legge, si va incontro alle cosiddette "sanzioni amministrative" che variano a seconda di differenti elementi: il numero delle infrazioni accumulate, il pericolo procurato alla sicurezza pubblica e altri ancora. La prima volta il procedimento potrà concludersi con un "ammonimento" a carico del Prefetto e successivamente potranno essere comminate sanzioni che vanno dalla sospensione della patente di guida, del porto d'armi e del passaporto all'applicazione – nei casi di recidiva – di misure che hanno l'obiettivo di limitare il più possibile la pericolosità sociale di chi ha tenuto condotte che destano allarme nella collettività.

La norma sembra essere "ammorbidita" dalla possibilità data al magistrato di optare, anziché per una pena detentiva o amministrativa (multa o altro provvedimento), per una condanna a "lavori di pubblica utilità", che possano almeno evitare l'ingresso in carcere a chi si trovi in condizioni giudiziarie difficili.

Nel caso di un soggetto tossicodipendente che ha commesso reati connessi con il suo stato e per condanne alla reclusione fino a sei anni (precedentemente, il limite era fissato a quattro anni), si può chiedere di scontare la pena seguendo un programma terapeutico sia presso un servizio pubblico, sia presso una struttura del privato sociale.

Un altro cardine in cui si innesta la riforma del testo del 1990 è quello introdotto dall'articolo 89, con il quale viene consentito alla persona tossicodipendente che ha commesso reati un maggiore accesso alle misure alternative al carcere. Il condannato alla reclusione fino a sei anni (precedentemente il limite era fissato a 4 anni) potrà, infatti, chiedere di scontare la pena presso un servizio pubblico o una comunità terapeutica al fine di intraprendere o proseguire un programma di recupero.

Ma queste ultime ipotesi e gli scenari che si sono prospettati non riguarderanno, quasi sicuramente e come già detto, chi legge questo libretto. Anche in questo campo ci può essere, comunque, la possibilità di rivolgersi a degli esperti, agli avvocati, ai legali.

È utile, però, affermare che i genitori non dovrebbero essere rassicurati da una legge tanto severa; i nostri figli probabilmente non si faranno spaventare abbastanza e rimarrà vuoto lo spazio che invece dovrebbe essere occupato dall'azione educativa continua e impegnativa che solo padri e madri possono e devono mettere in campo. La rigidità di una legge non è mai una barriera ragionevole ed efficace, soprattutto quando si parla di comportamenti diffusi, di atteggiamenti degli adolescenti, dei giovani adulti. Quando ci fosse qualcosa che non va nei nostri ragazzi, la risposta istituzionale è impropria, sbagliata. Si dovrebbe permettere agli agenti delle forze dell'ordine di impegnarsi fortemente per garantire la nostra sicurezza, per proteggerci dalle minacce delle criminalità organizzate, non distrarle su fatti e comportamenti che dovrebbero essere il terreno del confronto difficile, aspro, tra generazioni o, al massimo, dell'intervento di qualche esperto per i casi poco controllati. Alla fine: dire che le droghe fanno male, deve essere compito dei genitori e non delle leggi.

Conclusioni

Avete, ormai, compreso la sostanza dei messaggi: sapere se vostro figlio consuma droghe non è facile, ma è possibile.

E poi, che fare?

Quale il prezzo da pagare per un atteggiamento troppo inquisitorio, troppo invadente?

Vale la pena di complicare a tutti i costi il rapporto già difficile con un figlio adolescente o giovane adulto?

Non fate tragedie, si può rimediare. Ci sono molte soluzioni, qualora ce ne fosse il bisogno.

Ricordate che l'arma più importante è una relazione efficace con vostro figlio: né troppo tesa, né troppo amichevole. Se è troppo basata sullo scontro, sul confronto totale, è probabile che siate troppo distanti e non avrete grandi possibilità di dialogo, di discussione. La relazione con vostro figlio non può essere troppo basata sulla confidenza. Genitori e figli è bene che restino tali. Non funzionano i tentativi di essere "amici dei figli"; non gli dareste la possibilità di differenziarsi, di crescere autonomamente, di fare tesoro delle esperienze personali.

Abbiate la pazienza di distinguere tra un uso e un consumo patologico. Sono due situazioni molto differenti. È vero, ogni uso patologico, ogni abuso nasce come uso, anche ricreativo e sociale. Ma non tutti gli usi ricreativi si trasformano per forza in abusi. Fate uno sforzo per capire meglio come stanno le cose, prima di precipitarvi a imporre un trattamento o la visita di un esperto.

Non è detto che dobbiate essere d'accordo con gli usi ricreativi: potete essere convinti che consumare qualsiasi tipo di sostanza sia un errore, un peccato, un'azione moralmente riprovevole. Avete tutto il diritto di parlarne con vostro figlio che, quasi sicuramente, avrà idee differenti. Confrontatevi, magari con asprezza, ma con una certa misura; non arrivate a ficcarvi in situazioni senza uscita ("se non vuoi, quella è la porta di casa"; oppure "in questa casa bisogna rispettare certe regole"). Può essere che vostro figlio vi prenda in parola. È sempre meglio arrivare a un compromesso ragionevole e accettabile da tutti, piuttosto che innalzare barricate invalicabili.

Siate capaci di differenziare la vostra convinzione (del tutto legittima) dalle preoccupazioni per una situazione che può sfuggire al controllo di vostro figlio. Ci sono molti elementi che possono aiutarvi a discriminare; se avete dei dubbi, ascoltate qualcuno, prima di agire impulsivamente

Probabilmente, vostro figlio vi dirà che ci sono in giro centinaia di rischi maggiori del consumo di cannabis, migliaia di sostanze più pericolose. A partire dall'alcool e dal tabacco. In sostanza, ha ragione lui. Cercate di offrire una certa coerenza, almeno nell'argomentare le vostre idee, se non nei vostri comportamenti.

Non ve la prendete con gli amici, con la società, con la scuola: è la cosa più facile e meno utile. È impossibile individuare tutte le componenti che sono in gioco nel fenomeno del consumo e del consumo problematico. Il gioco di individuare chi ha la colpa vi distrae dal capire bene la situazione di vostro figlio e dall'agire consapevolmente ed efficacemente.

Mettetevi in discussione, moderatamente. Se non vi sentite per niente partecipi di una situazione che volete cambiare, partite in svantaggio. State chiedendo a vostro figlio di cambiare abitudini, idee, convinzioni; qualcosa che non siete disponibili a fare voi. Evitate anche la posizione della vittima e del sofferente: è noiosa e poco accettabile, oltre che molto poco utile. Dovreste evitare assolutamente anche la posizione di quello che si prende tutte le colpe, degli errori che avete commesso in passato, delle disattenzioni, della mancanza di impegno nella crescita del figlio. Il fatto che vi state preoccupando per lui/lei dimostra già attenzione e impegno. Anche la posizione del "colpevole globale" è inutile e priva di sbocchi.

Non cadete nella tentazione di prendere la questione dal punto di vista del giudizio morale: sareste rapidamente coinvolti in una discussione senza fine nella quale le vostre buone convinzioni andranno a scontrarsi con quelle di vostro figlio. In questa situazione, nello scontro tra due visioni etiche e morali, nessuno vince e non c'è nemmeno un arbitro *super partes*.

Vostro figlio: la vita è sua, non la invadete troppo. State crescendo insieme ed è indispensabile trovare equilibri sempre più avanzati. Avete alle spalle i tempi in cui lo coccolavate, lo proteggevate, decidevate per lui. Se volete farne un adulto responsabile, trovate una posizione non troppo pressante. Se si sta costruendo il suo bagaglio di idee e di esperienze, questo è un bene.

Rivolgetevi con fiducia a chi è competente. Dubbi, esigenze di informazioni, richieste di indirizzi e di persone: ci sono molti professionisti esperti sia nel campo specifico delle droghe, sia nel campo dell'adolescenza e dei giovani adulti, sia nel campo delle relazioni familiari. Sono le persone giuste per imparare a gestire al meglio le vostre preoccupazioni. Sono persone a portata di mano, in molti servizi, studi professionali, strutture.

Terminiamo con una citazione di un grande esperto del passato di droghe e tossicomani: Claude Olievenstein ha affermato quasi trent'anni fa: "Non è la droga a fare il tossicomane, ma il tossicomane a fare la droga." Nel senso che tutte le caratteristiche positive o negative di una sostanza non sono sufficienti a creare un consumo problematico. Occorre che il soggetto veda nell'assunzione la copertura di suoi bisogni, di sue esigenze profonde. E in questo campo, ripetiamo che non sono necessari i test e le analisi dei liquidi biologici. Osservate vostro figlio, i segnali di un eventuale disagio che precede e accompagna i problemi del consumo sono alla portata della vostra vista. Provate il dialogo, cercate altri elementi: differenze nell'interesse per la scuola, per le amicizie, per la famiglia.

Non siate ossessionati dalle droghe: la persona, che è vostro figlio, è più importante.

Piccola bibliografia di riferimento, per approfondire ancora qualche aspetto

Il tema delle droghe, della loro storia, del loro uso, consumo, abuso, i temi delle prevenzioni e dei trattamenti sono oggetto di una vastissima produzione di libri e manuali. Solo procedere a un elenco ragionato occuperebbe, probabilmente, ben più dello spazio di questo libro. Una grande parte di queste pubblicazioni sono di carattere tecnico e scientifico, di tipo sociologico, medico, psicologico, antropologico ed economico-sociale.

Le caratteristiche di questo libretto, invece, suggeriscono di limitare l'uso della terminologia e delle tematiche troppo specialistiche. Ci si limiterà, quindi, alla proposta di poche indicazioni, suddivise tra libri e siti web; tra queste indicazioni, chi lo volesse, può approfondire tematiche e aspetti specifici. Le due liste non sono affatto esaustive e complete.

Alcuni libri e manuali

Berrini R. e Cambiaso G., *Figli per sempre. Il difficile distacco dalla famiglia,* Angeli, Milano 1995.

Cambiaso G. e Berrini R., *Terapia della famiglia in crisi: la famiglia del tossicodipendente,* Angeli, Milano 1992.
Cancrini L., *La casa del guardamacchine*, Bollati Boringhieri, Torino 1993.
– *Schiavo delle mie brame*, Frassinelli, Milano 2003.
– e Rossini S., *Date parole al dolore*, Frassinelli, Milano 1996.
Carta I., *Perché tuo figlio si droga: prevenzione e cura. Tutto quello che bisogna sapere*, Frassinelli, Milano 1993.
Ciotti L., *Chi ha paura delle mele marce? Giovani, droghe, emarginazione*, Società Editrice Internazionale, Torino 2003.
Cirillo S., Berrini G., Cambiaso R. e Mazza R., *La famiglia del tossicodipendente*, Cortina, Milano 1996.
Fava Vizziello G. e Stocco P., *Tra genitori e figli la tossicodipendenza*, Masson, Milano 1997.
Galimberti U., *L'ospite inquietante. Il nichilismo e i giovani*, Feltrinelli, Milano 2007.
Pietropolli Charmet G. e Riva E., *Adolescenti in crisi genitori in difficoltà*, Angeli, Milano 1994.
Recanatini L., *Adolescemenze: informazioni e umorismo sull'adolescenza*, Magi, Roma 2001.
Scaparro F. e Pietropolli Charmet G., *Belletà*, Bollati Boringhieri, Torino 1993.

I siti web più rilevanti

Nel mondo

ADF – Australian Drug Foundation: www.adf.org.au/
CAN – The Swedish Council for Information on Alcohol and Other Drugs: www.can.se/
CCSA – Canadian Centre on Substance Abuse: www.ccsa.ca/
CICAD – Comision Interamericana para el control del abuso de drogas: www.cicad.oas.org/

Drug abuse prevention centre (Giappone): www.dapc.or.jp/english/index.htm
DrugScope (UK): www.DrugScope.org.uk/index.html
EMCDDA – Osservatorio Europeo sulle Droghe e Tossicodipendenze: www.emcdda.org/
Commissione Europea – Direzione della Salute Pubblica: europa.eu.int/comm/health/ph_determinants/life_style/drug_en.htm
Parlamento Europeo: europa.eu.int/scadplus/leg/en/cha/c11525.htm
ITACA – European Association of Professionals Working in the Drug Field: www.itacaeurope.org
MILDT – Mission Interministerielle de Lutte contre la Drogue e la Toxicomanie: www.drogues.gouv.fr/
NIDA – The National Institute on Drug Abuse (USA): www.nida.nih.gov/
United Nations Office for Drug Control and Crime Prevention: www.unodc.org/unodc/index.html
WHO – World Health Organization – SAB, The Substance Abuse Department: www.who.int/health_topics/substance_abuse/en/

In Italia

Osservatorio sulle droghe: fc.retecivica.mi.it/rcmweb/drogasuweb/principale.htm
Il sito Web di Riccardo C. Gatti: www.droga.net
CNCA – Coordinamento Nazionale Comunità di Accoglienza www.cnca.it
FEDERSERD – Federazione Italiana degli Operatori dei Dipartimenti e dei Servizi delle Dipendenze: www.federserd.it
FICT – Federazione Italiana delle Comunità Terapeutiche: www.fict.it/
Fondazione Exodus Trapezio: www.exodus.it
Fondazione Villa Maraini: www.villamaraini.it
Gruppo Abele: www.gruppoabele.org

Itaca, Associazione Europea degli Operatori Professionali delle Dipendenze – Delegazione Territoriale Italiana: www.itacaitalia.it
Cedostar, rete di centri di documentazione: www.cedostar.it/acadia.htm
Associazione Comunità Papa Giovanni XXIII: www.apg23.org/index.html
CE.I.S. di Roma: www.ceis.it

Sull'alcool

Ministero della Sanità – Alcolismo: www.sanita.it/Sanita/bacheca/alcoolismo/default.htm
Alcolisti Anonimi: www.alcoolisti-anonimi.it
Aicat: www.aicat.net
Fispa Fondazione Italiana Silvestrelli per l'Alcolismo di Roma: www.axnet.it/fispa/
Alcol.net Osservatorio permanente sui giovani e l'alcool: www.alcol.net/

Sulle dipendenze da gioco d'azzardo

Alea – Associazione per lo studio del gioco d'azzardo e dei comportamenti a rischio: www.gambing.it
Associazione per il recupero dei giocatori d'azzardo del Comune di Campoformido (UD): www.sosazzardo.it
Società Italiana per l'Intervento sulle Patologie Compulsive: www.siipac.it

I Numeri Verdi

I Numeri Verdi per l'orientamento informativo sulle droghe, sui loro effetti e sulle opportunità di trattamenti sono molti. Anche qui, ci limitiamo a segnalarne alcuni, dato anche il fatto che sorgono e chiudono le loro attività con una certa frequenza.

- Droga Che Fare – Numero Verde Nazionale: 800.46.14.61 – Orario: tutti i giorni dalle 9.00 alle 19.00
- Numero verde Cittadini Operatori – Agenzia Comunale delle Tossicodipendenze di Roma: 800.27.27.27
- Comune di Milano servizio Linea Verde Droga – 800.45.88.54 – Orario: dal lunedì al venerdì dalle 10.00 alle 21.00
- Ceart Coordinamento Enti Accreditati Regione Toscana – 800.39.40.88
- "Contraddiction" (Programma Cocaina – Milano e Roma) 800.01.27.29